ARQUETIPOS
PARA UNA NUEVA
MASCULINIDAD

Rey, guerrero, mago y amante

Título original: King, Warrior, Magician, Lover: Rediscovering the Archetypes
of the Mature Masculine
Traducido del inglés por Javier Martínez Verdasco
Diseño de portada: Editorial Sirio, S.A.
Maquetación: Toñi F. Castellón

© de la edición original
1990 de Robert Moore y Douglas Gillette

Publicado con autorización de HarperOne, un sello de HarperCollins Publishers

© de la presente edición
EDITORIAL SIRIO, S.A.
C/ Rosa de los Vientos, 64
Pol. Ind. El Viso
29006-Málaga
España

www.editorialsirio.com
sirio@editorialsirio.com

I.S.B.N.: 978-84-19685-17-9
Depósito Legal: MA-1026-2023

Impreso en Imagraf Impresores, S. A.
c/ Nabucco, 14 D - Pol. Alameda
29006 - Málaga

Impreso en España

Puedes seguirnos en Facebook, Twitter, YouTube e Instagram.

 El papel utilizado para la impresión de este libro está **libre de cloro** elemental (ECF) y su procedencia está certificada por una entidad independiente, no gubernamental, que promueve la sostenibilidad de los bosques.

ROBERT MOORE & DOUGLAS GILLETTE

ARQUETIPOS
PARA UNA NUEVA
MASCULINIDAD

Rey, guerrero, mago y amante

EDITORIAL
SIRIO

Al poeta Robert Bly, quien aportó el
ímpetu necesario para la revalorización
de la experiencia masculina

Hay Cuatro Poderosos en todo Hombre; una Unión
                                    [Perfecta

no puede existir excepto mediante la Hermandad
                                    [Universal del Edén.

El Hombre Universal, Gloria a Él por Siempre. Amén.*

WILLIAM BLAKE
Vala o los cuatro Zoas

---

* W. Blake. *Libros proféticos I*, p. 421, Atalanta, 2013.

ÍNDICE

PRÓLOGO

Los arquetipos del rey, el guerrero, el mago y el amante han sido objeto de creciente atención en las reuniones y publicaciones masculinas en Estados Unidos y otros países. Muchas personas presuponen que estos patrones se han entendido tradicionalmente como los componentes básicos de la masculinidad madura. No obstante, la investigación psicológica que condujo a la denominación de estos arquetipos como las cuatro configuraciones fundamentales que —en relación dinámica— constituyen las estructuras profundas de la psique masculina madura se presentó por primera vez en una serie de conferencias en el C. G. Jung Institute de Chicago y se publicó asimismo por primera vez en una serie de casetes de gran éxito de ventas que han influido de manera notable en las actuales corrientes de pensamiento enfocadas en la masculinidad. Creemos que los hallazgos psicológicos descritos en estas conferencias constituyen un avance importante y potencialmente revolucionario en la descodificación de las estructuras profundas fundamentales del ser humano, tanto masculinas como femeninas. Esta descodificación de lo que Carl Jung llamó el «doble cuaternio» se basa en la comprensión del sí-mismo arquetípico del propio Jung, pero amplía nuestra comprensión de la geografía interior más allá de su trabajo al delinear claramente no solo los contenidos y potenciales psicológicos imaginados en las «cuatro regiones», sino también las dos dialécticas opuestas fundamentales incorporadas a la dinámica del sí-mismo profundo: el rey (o reina)/mago y el amante/guerrero.

Arquetipos para una nueva masculinidad es un estudio explicativo de las implicaciones de esta investigación para la comprensión de la psique masculina. Es el primero de una serie de cinco volúmenes sobre psicología masculina basada en este paradigma. Están previstos subsiguientes volúmenes que profundizarán en las implicaciones más amplias de este modelo teórico para la psicología y la espiritualidad humanas. Quienes tengan intereses técnicos debido a su profesión o sientan estimulada su curiosidad y deseen saber más pueden consultar la lista de lecturas seleccionadas que figura al final del libro.

Nuestro propósito al escribir esta obra ha sido el de ofrecer a los hombres un esquema simplificado y legible de un «manual del operador de la psique masculina». La lectura de este libro debería ayudarlos a comprender sus puntos fuertes y debilidades como hombres y proporcionarles un mapa de los territorios de la individualidad masculina que aún necesitan explorar.

AGRADECIMIENTOS

Los autores deseamos dar las gracias a Robert Bly por su estímulo, a Graciela Infante por su minuciosa lectura del manuscrito, a Margaret Shanahan y Graciela Infante por tantas sugerencias útiles, a Patrick Nugent por su transcripción absolutamente precisa de las conferencias de Robert Moore registradas en casetes y al personal editorial y de producción de HarperSanFrancisco. Además, deseamos expresar un especial agradecimiento a los muchos hombres que han reflexionado sobre su experiencia personal en términos de este nuevo enfoque de la psicología masculina y que nos han ayudado tanto a refinar nuestra capacidad de comprensión como a profundizar en ella.

INTRODUCCIÓN

Durante la reciente entrevista* de Bill Moyer al poeta Robert Bly —titulada *Una reunión de hombres*—, un joven hizo la siguiente pregunta: «¿Dónde están hoy los hombres influyentes iniciados [en la masculinidad madura]?». Hemos escrito este libro para responder a este interrogante, una cuestión que ronda las mentes tanto de los hombres como de las mujeres.

Llegados a las postrimerías del siglo XX, nos enfrentamos a una crisis de identidad masculina de vastas proporciones. Incesantemente, observadores de la escena contemporánea —sociólogos, antropólogos y psicólogos especializados en psicología profunda**— descubren las dimensiones devastadoras de este fenómeno, que afecta a

---

* N. del T.: La edición original de este libro data de 1990.
** N. del T.: La psicología profunda es la teoría psicológica que explora la relación entre el consciente y el inconsciente, así como los patrones y dinámicas de la motivación y la mente. Se fundamenta en los estudios de Freud, Jung y Adler.

cada uno de nosotros personalmente tanto como a nuestra sociedad en su conjunto. ¿Por qué hay tanta confusión de género hoy en día, al menos en Estados Unidos y Europa occidental? Parece cada vez más difícil señalar algo parecido a una esencia masculina o femenina.

Si dirigimos la vista a las estructuras familiares, podemos ver el desmoronamiento de la familia tradicional. Con creciente frecuencia, las familias denotan un hecho lamentable: la desaparición del padre. Dicha desaparición, ya sea por abandono emocional o físico —o por ambos—, causa estragos psicológicos en los hijos de los dos sexos. El padre débil o ausente mutila la habilidad que tienen sus hijas e hijos para alcanzar su propia identidad de género y relacionarse de forma íntima y positiva con miembros tanto de su propio sexo como del opuesto.

Sin embargo, conforme a nuestra experiencia y convicción, no podemos apuntar solamente a la desintegración de las estructuras familiares modernas, por importante que este punto sea, para explicar la crisis de la masculinidad. Debemos fijarnos en otros dos factores que subyacen a la desintegración misma.

En primer lugar, tenemos que tomarnos muy en serio la desaparición de los *procesos rituales* para iniciar a los niños en la adultez. En las sociedades tradicionales existen definiciones estándar de lo que constituye lo que llamamos psicología del niño y psicología del hombre.

Esto puede verse claramente en las sociedades tribales que han sido objeto de un cuidadoso escrutinio por parte de antropólogos tan destacados como Arnold van Gennep y Victor Turner.

Existen rituales cuidadosamente elaborados para ayudar a los niños de la tribu en su transición a la edad adulta. A lo largo de los siglos de civilización en Occidente, casi todos estos procesos rituales se han abandonado o se han desviado hacia canales más estrechos y menos energizados, hacia fenómenos que podemos denominar *pseudoiniciaciones*.

Podemos señalar los antecedentes históricos del declive de la iniciación ritual. La Reforma protestante y la Ilustración fueron fuertes movimientos que compartieron la cuestión del descrédito del proceso ritual. Y una vez desacreditado el ritual como proceso sagrado y transformador, lo que nos queda es lo que Victor Turner ha denominado «mero ceremonial», algo que carece del poder necesario para lograr una transformación genuina de la conciencia. Al desconectarnos del ritual, hemos acabado con los procesos mediante los cuales tanto hombres como mujeres alcanzaban su identidad de género de una forma profunda, madura y enriquecedora para sus vidas.

¿Qué le ocurre a una sociedad si se desacreditan los procesos rituales por los que se forman estas identidades? En el caso de los hombres, hay muchos que no tuvieron iniciación a la adultez o que tuvieron pseudoiniciaciones que no lograron provocar la necesaria transición a la edad adulta. Se impone la psicología del niño, que está en todas partes y cuyas huellas son fáciles de ver. Entre ellas se encuentran los comportamientos abusivos y violentos contra los demás, tanto hombres como mujeres. También la pasividad y la debilidad. Y la incapacidad de actuar de forma eficaz y creativa en nuestras propias vidas, así como de engendrar vida y creatividad en los demás hombres y mujeres. Asimismo, con frecuencia vemos una oscilación entre ambos polos: abuso/debilidad, abuso/debilidad.

Junto con el colapso del proceso ritual de iniciación masculina, hay un segundo factor que parece contribuir a la disolución de la identidad masculina madura. Este factor, señalado por una corriente de la crítica feminista, se llama patriarcado. El patriarcado es la organización social y cultural que ha gobernado nuestro mundo occidental –y gran parte del resto del planeta– desde al menos el segundo milenio antes de Cristo hasta la actualidad. Las feministas han advertido cómo la dominación masculina en el patriarcado ha oprimido y abusado de lo femenino, tanto de las llamadas características y virtudes femeninas como de las propias mujeres. En su crítica radical del patriarcado, algunas feministas concluyen que, en su raíz, la masculinidad es esencialmente abusiva, y esa conexión con el «eros» –con el amor, las relaciones y la dulzura– solo procede del lado femenino de la ecuación humana.

Aunque algunas de estas ideas han sido útiles para la causa de la liberación femenina y masculina de los estereotipos patriarcales, creemos que esta perspectiva plantea graves problemas. En nuestra opinión, el patriarcado *no* es la expresión de una masculinidad profunda y arraigada, ya que la masculinidad verdaderamente profunda y arraigada *no* es abusiva. El patriarcado es la expresión del hombre *inmaduro*. Es la expresión de la psicología del niño y, en parte, del lado sombrío –o demente– de la masculinidad. Expresa lo masculino estancado, fijado en niveles inmaduros.

El patriarcado, desde nuestro punto de vista, es un ataque tanto a la *masculinidad* como a la feminidad plenas. Quienes están atrapados en las estructuras y dinámicas del patriarcado buscan dominar no solo a las mujeres, sino también a los hombres. El patriarcado se basa en el miedo; miedo a las mujeres, sin duda, pero igualmente a los hombres. Los críos temen a las mujeres. También temen a los hombres de verdad.

El hombre patriarcal no admite de buen grado el pleno desarrollo masculino de sus hijos o de sus subordinados, como tampoco admite de buen grado el pleno desarrollo de sus hijas o de sus empleadas. Esta es la típica historia del jefe de oficina que no soporta que seamos tan buenos como de veras somos. ¡Cuántas veces nos envidian, nos odian y nos atacan de forma directa y pasivo-agresiva, incluso cuando intentamos manifestarnos como realmente somos: en toda nuestra belleza, madurez, creatividad y capacidad generativa! Cuanto más bellos, competentes y creativos nos volvemos, mayor parece la hostilidad de nuestros superiores o incluso de nuestros compañeros. Lo que realmente nos ataca es la inmadurez de aquellos seres humanos que sienten terror al ver nuestros avances en el camino hacia la plenitud masculina o femenina del ser.

El patriarcado expresa lo que llamamos la psicología del niño. No es una expresión de los potenciales masculinos maduros en su esencia, en la plenitud de su ser. Hemos llegado a esta conclusión a través de varios factores: primero, a partir de nuestro estudio de los mitos antiguos y de los sueños modernos; segundo, gracias a nuestro examen interno de la rápida feminización de la comunidad religiosa dominante; tercero, merced a nuestra reflexión sobre los rápidos cambios en los roles de género en nuestra sociedad en su conjunto, y cuarto, por nuestros años de experiencia clínica y psicológica, durante los cuales hemos sido cada vez más conscientes de que falta algo fundamental en la vida interior de muchos de los hombres que acuden a psicoterapia.

Lo que falta no es, en su mayor parte, lo que muchos psicólogos profundos suponen que falta, es decir, una conexión adecuada con el interior *femenino*. En muchos casos, estos hombres que buscan ayuda han estado y siguen estando *abrumados* por lo femenino. Lo que les faltaba era una conexión adecuada con las energías *masculinas* profundas e instintivas, los potenciales de la masculinidad madura. El propio patriarcado y la crítica feminista a la poca masculinidad a la que aún podían aferrarse les bloqueaban la conexión con estos potenciales. Y estaban bloqueados porque sus vidas carecían de procesos iniciáticos significativos y transformadores mediante los cuales hubieran podido llegar a sentirse adultos.

Descubrimos que, a medida que estos hombres buscaban su propia experiencia de las estructuras masculinas a través de la meditación, la oración y lo que los junguianos llaman imaginación activa, a medida que entraban más en contacto con los arquetipos internos de la masculinidad madura, conseguían mejorar su capacidad para desprenderse del sí-mismo patriarcal —y de otros patrones de pensamiento, sentimiento y comportamiento que les herían— y se volvían más genuinamente fuertes, centrados y creativos tanto individual como colectivamente (con otros hombres y mujeres).

En la actual crisis de masculinidad no necesitamos, como dicen algunas feministas, *menos* poder masculino. Necesitamos *más*. Pero necesitamos más del hombre *maduro*. Necesitamos más psicología del hombre. Necesitamos desarrollar un sentido de calma respecto del poder masculino para no tener que actuar de forma dominante y desempoderar a los demás.

En el patriarcado, tanto lo femenino como lo masculino sufren demasiados daños y son objeto de demasiadas calumnias, pero la reacción feminista ante ese mismo patriarcado provoca iguales consecuencias. La crítica feminista, cuando no es lo suficientemente sabia, hiere aún más a una masculinidad auténtica ya de por sí asediada. Es posible que nunca haya habido un momento en la historia de la humanidad en el que la masculinidad madura (o la feminidad madura) estuviera realmente en auge. No podemos estar seguros de ello. De lo que sí podemos estar seguros es de que la masculinidad madura no está en auge hoy en día.

Necesitamos aprender a amar y ser amados por el hombre maduro. Necesitamos aprender a celebrar el auténtico poder y potencia masculinos, no solo por nuestro bienestar personal como hombres y por nuestras relaciones con los demás, sino también porque la crisis de la masculinidad madura alimenta la crisis global de supervivencia a la que nos enfrentamos como especie. Nuestro peligroso e inestable mundo necesita urgentemente hombres y mujeres maduros si queremos que nuestra raza perviva en el futuro.

Dado que en nuestra sociedad hay poco o ningún proceso ritual capaz de impulsarnos desde la psicología del niño a la psicología del hombre, cada uno de nosotros debe acudir por su cuenta (con la ayuda y el apoyo de los demás) a las fuentes profundas de los potenciales de energía masculina que yacen dentro de todos nosotros. Debemos encontrar la manera de conectar con estas fuentes de empoderamiento. Esperamos que este libro contribuya a que completemos con éxito esta tarea fundamental.

PRIMERA PARTE

De la psicología del niño a
la psicología del hombre

1

LA CRISIS DEL PROCESO RITUAL MASCULINO

Cuando oímos decir de un hombre cualquiera que «es incapaz de centrarse», lo que esto significa, en un nivel profundo, es que no está experimentando –y no puede experimentar– sus estructuras cohesivas profundas. Está fragmentado: varias partes de su personalidad están escindidas, llevan vidas bastante independientes y, a menudo, caóticas. Un hombre que «no puede centrarse» es un hombre que probablemente no haya tenido la oportunidad de someterse a una iniciación ritual en las estructuras profundas de la masculinidad. Sigue siendo un niño, y no porque lo desee, sino porque nadie le ha mostrado el camino para transformar sus energías de niño en energías de hombre. Nadie lo ha guiado hacia las experiencias directas y sanadoras del mundo interior de los potenciales masculinos.

Cuando visitamos las cuevas de nuestros lejanos antepasados cromañones en Francia y descendemos en la oscuridad de esos santuarios ultramundanos y espirituales, sucede que, al encender nuestras lámparas, retrocedemos sobresaltados por el asombro y el sobrecogimiento: allí vemos representadas las fuentes misteriosas y ocultas del poderío masculino. Sentimos que algo profundo se remueve dentro de nosotros. Aquí, en un canto silencioso, los animales mágicos —el bisonte, el antílope y el mamut— brincan y braman con una belleza y una fuerza prístinas por los altos techos abovedados y las paredes ondulantes; se mueven decididamente hacia las sombras de los pliegues de la roca para luego saltar de nuevo hacia nosotros a la luz de nuestras lámparas. Y aquí, pintadas junto a ellos, están las huellas de las manos de los hombres, de los artistas-cazadores, los antiguos guerreros y proveedores, que se reunían en este sitio y realizaban sus rituales primitivos.

Los antropólogos coinciden casi con unanimidad universal en que estos santuarios rupestres fueron creados, al menos en parte, por hombres y para los hombres, específicamente para la iniciación ritual de los niños en el misterioso mundo de la responsabilidad y la espiritualidad masculinas.

Pero el proceso ritual para convertir en hombres a los niños no se limita a nuestras conjeturas sobre estas antiguas cuevas. Como han demostrado muchos estudiosos —entre los que destacan Mircea Eliade y Victor Turner—, el proceso de iniciación ritual pervive en las culturas tribales hasta nuestros días en África, Sudamérica, las islas del Pacífico Sur y muchos otros lugares. Sobrevivió hasta tiempos muy recientes entre los indios de las llanuras de Norteamérica. El estudio del proceso ritual, si es llevado a cabo por un especialista, puede resultar árido para el lector. No obstante, podemos verlo representado con gran colorido en varias películas contemporáneas. Las películas son como los antiguos cuentos populares y mitos. Son historias que nos contamos sobre nosotros mismos, sobre nuestras vidas y su significado. De hecho, el proceso iniciático, tanto para hombres como para mujeres, es uno de los grandes temas ocultos de muchos de nuestros filmes.

Un buen ejemplo explícito de ello lo encontramos en la película *La selva esmeralda*.* En ella, un niño blanco ha sido capturado y criado por indios brasileños. Un día cualquiera, una chica preciosa juega con él en el río. El jefe de la tribu hace tiempo que notó su interés por ella. Este despertar sexual en el chico es una señal para el sabio jefe, que aparece en la orilla del río con su mujer y algunos de los ancianos de la tribu y sorprende a Tomme (Tommy) abstraído en sus juegos con ella. El jefe exclama:

—¡Tomme, ha llegado tu hora de morir!

Todos parecen profundamente conmocionados. Desempeñando el papel que representa a toda mujer y madre, la esposa del jefe pregunta:

—¿Acaso debe morir?

---

* J. Boorman (director). (1985). *The Emerald Forest* [La selva esmeralda] (película). Metro Goldwyn Mayer.

El jefe responde amenazador:

—¡Sí!

A continuación, vemos una escena nocturna ilumi-
nada por el fuego en la que Tomme parece ser torturado
por los hombres mayores de la tribu, quienes lo fuerzan
a penetrar en la espesura de la selva, donde es devorado
vivo por las hormigas selváticas. Tomme se retuerce en
agonía, su cuerpo es mutilado por las mandíbulas de las
hambrientas hormigas. Nos tememos lo peor...

Por fin sale el sol y los hombres llevan a Tomme —que
aún respira— al río, donde lo bañan y le quitan las hormigas del cuerpo. El jefe alza en ese instante la voz y dice:
«¡El niño ha muerto y el hombre ha nacido!». Y tras este
anuncio tiene su primera experiencia espiritual, induci-
da por una droga soplada en su nariz a través de una larga pipa. Sufre alucinaciones y en ellas descubre su alma
animal (un águila) y se eleva por encima del mundo con
una conciencia nueva y expandida, capaz de contemplar,
como a través de los ojos de Dios, la totalidad de su mundo selvático. Entonces se le permite contraer matrimonio. Tomme ya es un hombre, y, a medida que asume las
responsabilidades y la identidad propias de su condición,
pasa primero a ocupar el puesto de guerrero de la tribu y
más adelante el de jefe.

Se puede afirmar que la dinámica fundamental de la
vida quizá sea el intento de pasar de una forma inferior
de experiencia y conciencia a un nivel superior (o más
profundo) de conciencia, de una identidad difusa a una

identidad más consolidada y estructurada. Toda la vida humana intenta, cuando menos, avanzar en este sentido. Buscamos la iniciación en la edad adulta, en las responsabilidades y deberes adultos hacia nosotros mismos y hacia los demás, en las alegrías y los derechos adultos, y en la espiritualidad adulta. Las sociedades tribales tenían nociones muy específicas sobre la adultez, tanto masculina como femenina, y sobre cómo llegar a ella. Y contaban con procesos rituales como el de *La selva esmeralda* para que sus hijos alcanzaran lo que podríamos llamar una madurez tranquila y segura.

Nuestra propia cultura, en cambio, tiene pseudorrituales. En ella hay muchas pseudoiniciaciones para los hombres. El servicio militar obligatorio es una. Se fantasea con que la humillación y la no identidad forzada del campo de entrenamiento «harán de usted un hombre». Las bandas de nuestras grandes ciudades son otra manifestación de pseudoiniciación, al igual que las organizaciones criminales de las prisiones, que, mayoritariamente, están dirigidas por bandas.

Llamamos a estos fenómenos pseudoeventos por dos razones. Por un lado, con la posible excepción de la iniciación militar, estos procesos, aunque a veces muy ritualizados (especialmente en el ámbito de las bandas callejeras), la mayoría de las veces inician al chico en un tipo de masculinidad sesgada, atrofiada y falsa. Es una «masculinidad» patriarcal que abusa de los demás y, a menudo, de uno mismo. A veces se exige que el aspirante a iniciado cometa un asesinato ritual. Y el consumo abusivo de drogas suele estar asociado a la cultura de las pandillas. En estas organizaciones, el niño se convertirá en un adolescente problemático y alcanzará un nivel de desarrollo más o menos semejante al nivel expresado por la sociedad –regida en su conjunto por valores juveniles–, pero lo alcanzará de una manera contracultural. Estas pseudoiniciaciones no producirán hombres, porque los hombres de verdad no recurren a la violencia ni son hostiles sin que medie provocación alguna. La psicología infantil, que veremos con más detalle en el capítulo tres, es la encargada de la lucha por el dominio de los demás, de una forma u otra. Y, habitualmente, se ve envuelta en el daño a uno mismo –tanto como en el daño a los demás–, pues es sadomasoquista. La psicología del hombre es siempre lo contrario: cuidadosa y creativa, no hiriente y destructiva.

Para que la psicología del hombre nazca en el interior de un varón en particular, tiene que producirse una muerte. La muerte –simbólica, psicológica o espiritual– es siempre una parte fundamental de cualquier ritual iniciático. En términos psicológicos, el ego del niño debe «morir». Las viejas formas de ser, hacer, pensar y sentir deben «morir» ritualmente antes de que pueda surgir el hombre nuevo. La pseudoiniciación, aunque pone algunos frenos al ego del niño, a menudo amplifica la lucha del ego por el poder y el control de forma novedosa: una forma adolescente regulada por otros adolescentes. La iniciación efectiva y transformadora aniquila absolutamente el ego y sus deseos en su vieja forma. Después lo resucita, pero este ego resucitado será objeto de una nueva relación: una subordinación a un poder o centro previamente desconocido. La sumisión al poder de las energías masculinas maduras siempre hace surgir una nueva personalidad masculina marcada por la calma, la compasión, la claridad de ideas y la capacidad generativa.

Una segunda razón hace que la mayoría de las iniciaciones en nuestra cultura sean pseudoiniciaciones: en la mayoría de los casos, estas sencillamente no dan cabida a un proceso ritual. Dicho proceso ritual consta de dos elementos. El primero es el espacio sagrado y el segundo es un líder ritual, un «anciano sabio» o una «anciana sabia» de total confianza para el iniciado que pueda guiarlo a través del proceso ritual de tal manera que él (o ella) llegue intacto y fortalecido a la otra orilla.

Mircea Eliade investigó en profundidad el papel del espacio sagrado. Llegó a la conclusión de que el espacio que ha sido santificado ritualmente es esencial para cualquier tipo de iniciaciones. En las sociedades tribales, este espacio puede ser una cabaña o casa especialmente construida en la que se retiene a los niños que aguardan su iniciación. Puede ser una cueva. O puede ser el vasto desierto al que el aspirante a iniciado es conducido para morir o para encontrar su hombría. El espacio sagrado puede ser el «círculo mágico» de los magos. O, como sucede en las civilizaciones más avanzadas, puede ser una sala interior ubicada en el recinto de un gran templo. Este espacio debe permanecer aislado de cualquier influjo externo, especialmente, en el caso de los niños, del de las mujeres. Frecuentemente, los iniciados son sometidos a pruebas que implican un terrible sufrimiento emocional y un intenso dolor físico. Aprenden a someterse al dolor inherente a la vida, a los ancianos líderes rituales y a las tradiciones y mitos masculinos de la sociedad. Se les enseña toda la sabiduría secreta de los hombres. Y solo son liberados del espacio sagrado cuando han superado con éxito la prueba y han renacido como hombres.

El segundo elemento esencial para el éxito de un proceso iniciático es la presencia de un líder ritual. En *La selva esmeralda*, este rol corresponde al jefe y los demás ancianos de la tribu. El líder ritual es el hombre que conoce la sabiduría secreta, las costumbres de la tribu y los mitos —celosamente guardados— de los hombres. Él es quien vive según la visión de la masculinidad madura.

Con la escasez de varones maduros que hay en nuestra cultura, huelga decir que la cantidad de líderes rituales es alarmantemente exigua. Por lo tanto, las pseudoiniciaciones continúan sesgadas en favor del refuerzo de la psicología del niño en lugar de permitir la transición hacia la psicología del hombre, incluso si existe algún tipo de proceso ritual o si se ha establecido una suerte de espacio sagrado en las calles de la ciudad o en el bloque de celdas.

La crisis de la masculinidad madura se cierne sobre nosotros. Al carecer tanto de modelos de hombre maduro como de cohesión social y de estructuras institucionales para actualizar el proceso ritual, el resultado es «sálvese quien pueda». Y la mayoría de nosotros nos quedamos en el camino, sin tener ni idea de cuál era el objetivo de nuestro impulso genérico ni de qué fue lo que falló en nuestra lucha. Solo sabemos que nos sentimos ansiosos, casi impotentes, desesperanzados, frustrados, insultados, faltos de cariño y menospreciados; a menudo avergonzados de ser hombres. Únicamente sabemos que nuestra creatividad fue atacada, que nuestra iniciativa fue recibida con hostilidad, que fuimos ignorados, empequeñecidos y abandonados a nuestra suerte sin autoestima. Nos rendimos ante un mundo en el que impera la ley del más fuerte mientras tratamos de mantener a flote nuestro trabajo y nuestras relaciones, lo cual merma nuestras energías o nos impide cumplir objetivos. Muchos de nosotros buscamos al padre generativo, alentador y empoderador (aunque la mayoría no lo sepamos), el padre que, para la mayoría de nosotros, nunca existió en nuestras vidas y que jamás aparecerá, sin importar el empeño que pongamos en ello.

Sin embargo, como junguianos y estudiosos de la mitología humana, creemos que hay buenas noticias. Son estas buenas noticias para los hombres (y también para las mujeres) las que queremos compartir. Y a ello nos disponemos a continuación.

2

LOS POTENCIALES MASCULINOS

Aquellos de nosotros que hemos sido influidos por el pensamiento del gran psicólogo suizo Carl Jung tenemos grandes razones para esperar que las deficiencias externas que hemos encontrado en el mundo como futuros hombres (el padre ausente, el inmaduro, la falta de un proceso ritual significativo, la escasez de líderes rituales) puedan ser corregidas. Y no solo tenemos esperanza, sino experiencia real como terapeutas y como individuos de recursos propios inimaginados por la psicología antes de Jung. Según nuestra propia experiencia, en lo más profundo de cada hombre hay unas guías* —que

---

* N. del T.: El término original *blueprint* se traduce al castellano como 'plano', 'proyecto', 'cianotipo' o 'modelo', todas ellas palabras incongruentes en el contexto de la presente traducción al castellano, y por ello se ha optado por una aproximación: *guía*.

asimismo podemos denominar vínculos innatos*– dirigidas al hombre maduro, sosegado y positivo. Los junguianos llaman a estos potenciales masculinos arquetipos o «imágenes primordiales».

Jung y sus sucesores han descubierto que, en el nivel del inconsciente profundo, la psique de cada persona se basa en lo que Jung denominó el «inconsciente colectivo», formado por patrones instintivos y configuraciones energéticas probablemente heredadas a través del código genético de nuestra especie a lo largo de las sucesivas generaciones. Estos arquetipos sientan las bases de nuestro comportamiento: nuestro pensamiento, nuestros sentimientos y nuestras características reacciones humanas. Son los creadores de imágenes, tan próximos a los artistas, poetas y profetas religiosos. Jung los relacionó directamente con los instintos de otros animales.

La mayoría de nosotros sabe que las crías de pato, poco después de salir del cascarón, se arriman a cualquier cosa o persona que pase por su lado en ese momento. Este fenómeno se denomina impronta. Significa que el patito recién salido del cascarón está innatamente conectado a la «madre» o al «cuidador». No tiene que aprender —desde una perspectiva exterior, por así decirlo— lo que es un cuidador. El arquetipo del cuidador aparece poco después

---

* N. del T.: La expresión *hard wiring* del texto original posee una connotación tecnológica (*wire* significa 'cable'), también incongruente en el contexto de la presente traducción al castellano, y por ello se ha optado por una aproximación: *vínculo(s) innato(s)*.

de que el patito venga a este mundo. Pero, por desgracia, la «madre» que el patito encuentra en esos primeros momentos puede no ser la adecuada para cumplir con las tareas que conlleva su cuidado. No obstante, aunque los habitantes del mundo exterior puedan estar por debajo de las expectativas instintivas (¡puede que ni siquiera sean patos!), el arquetipo del cuidador conforma el comportamiento del patito.

De forma similar, los seres humanos están connaturalmente ligados a la «madre», al «padre» y a otras muchas relaciones humanas, así como a todas las formas humanas de experiencia del mundo. Y, aunque los habitantes del mundo exterior no estén a la altura de las expectativas arquetípicas, el arquetipo está presente. Es algo constante y universal en todos nosotros. Como el patito que confunde a un gato con su madre, así nosotros confundimos a nuestros verdaderos padres con los patrones y potenciales ideales que llevamos dentro.

Los patrones arquetípicos desviados, negativamente sesgados por encuentros desafortunados con los habitantes del mundo exterior —esto es, en la mayoría de los casos, debido a unos padres inadecuados u hostiles—, se manifiestan en nuestras vidas como problemas psicológicos paralizantes. Si nuestros padres fueron, como dice el psicólogo D. W. Winnicott, «suficientemente buenos», entonces estaremos capacitados para experimentar las guías internas de las relaciones humanas de forma positiva y acceder a ellas. Lamentablemente, muchos de nosotros, tal vez la mayoría, no recibimos una educación suficientemente buena.

La existencia de los arquetipos está bien documentada por infinidad de pruebas clínicas extraídas de los sueños y las fantasías de los pacientes, así como por la cuidadosa observación de patrones arraigados en el comportamiento humano. También está documentada por estudios pormenorizados de mitología en todo el mundo. Una y otra vez vemos aparecer las mismas figuras esenciales en el folclore y la mitología. Y estas figuras aparecen igualmente en los sueños de personas que no tienen ningún conocimiento de estos campos. El joven Dios que muere y resucita, por ejemplo, aparece en los mitos de pueblos tan dispares como los cristianos, los persas musulmanes, los antiguos sumerios y los modernos aborígenes americanos, así como en los sueños de los pacientes sometidos a psicoterapia. Las indicaciones de que existen patrones subyacentes que determinan la vida cognitiva y emocional humana son notables.

Estas guías parecen ser muy abundantes y se manifiestan en forma masculina y femenina. Hay arquetipos que pautan los pensamientos, sentimientos y relaciones de las mujeres; de igual modo que los hay que pautan los pensamientos, sentimientos y relaciones de los hombres. Además, los junguianos han descubierto que en cada hombre hay una subpersonalidad femenina llamada ánima, formada por los arquetipos femeninos. Y en cada mujer hay una masculina llamada ánimus, constituida por los arquetipos masculinos. Todos los seres humanos pueden acceder a los arquetipos en mayor o menor grado. De hecho, lo hacemos al relacionarnos unos con otros.

Todo este campo sigue siendo objeto de discusión activa y de continua revisión, puesto que nuestro conocimiento del mundo interior de los instintos humanos continúa en aumento.

Apenas hemos empezado a ordenar de forma sistemática nuestro mundo interior, que siempre se nos ha manifestado en mitos, rituales, sueños y visiones. El campo de la psicología arquetípica está en pañales. Queremos mostrar a los hombres cómo pueden acceder a estos potenciales arquetípicos positivos en su propio beneficio y en el de todos los que los rodean, quizá incluso en beneficio del planeta.

3

LA PSICOLOGÍA
DEL NIÑO

E l traficante de drogas, el líder político venal, el
marido maltratador, el jefe crónicamente «irritado»,
el ejecutivo júnior que se cree un «pez gordo», el
marido infiel, el chupatintas que responde «sí» a todo, el
orientador escolar indiferente, el pastor eclesiástico «san-
turrón», el pandillero, el padre que nunca tiene tiempo
para asistir a las actividades extraescolares de su hija, el
entrenador que ridiculiza a sus atletas estrella, el terapeuta
que ataca inconscientemente el «brillo» de sus pacientes y
busca que se instalen en una suerte de gris mediocridad, el
yuppie..., todos estos hombres tienen algo en común: son
niños que fingen ser hombres. Llegaron a ser tal y como
son de manera natural, pues nadie les mostró cómo ser
hombres maduros. Su tipo de «masculinidad» es una falsi-
ficación de la masculinidad que pasa desapercibida como

tal para la mayoría de nosotros. Continuamente confundimos con fortaleza los comportamientos controladores, amenazadores y hostiles de este tipo de hombre. En realidad, lo que demuestra es una extrema vulnerabilidad y debilidad subyacentes, la vulnerabilidad del niño herido.

La mayoría de los hombres están estancados en un nivel de desarrollo característico de la inmadurez. Este es un hecho devastador. Estos niveles iniciales de desarrollo están dirigidos por las guías internas correspondientes a la niñez, las cuales provocan que nos comportemos según dicte nuestra niñez oculta (oculta para nosotros, rara vez para los demás) cuando, por un lado, se les permite decretar en qué consiste la madurez y cuando, por otro lado, el ego no accede adecuadamente a los arquetipos de la masculinidad madura (porque ni emplea los arquetipos de la niñez como base ni los trasciende).

En nuestra cultura a menudo hablamos con cariño de la niñez. Lo cierto es que el niño que habita en nuestro interior —cuando está bien ubicado en nuestras vidas— es una fuente de juego, placer, diversión, energía y cierto tipo de amplitud de miras; es decir, está preparado para la aventura y para el futuro. Pero hay otro tipo de infantilismo que permanece como tal en nuestras interacciones con nosotros mismos y con los demás cuando lo que se requiere es madurez.

La estructura de los arquetipos

Cada uno de los potenciales energéticos arquetípicos de la psique masculina —tanto en sus formas maduras como inmaduras— posee una estructura de trío o tripartita (véase la figura 1).

En la parte superior del triángulo se encuentra el arquetipo en su plenitud. En la parte inferior del triángulo, el arquetipo se experimenta en lo que llamamos una forma disfuncional bipolar o sombría. Tanto en su forma inmadura como en su forma madura (es decir, tanto en los términos de la psicología del niño como en los de la del hombre), esta disfunción bipolar puede considerarse inmadura en el sentido de que representa una condición psicológica que no está integrada ni cohesionada. La falta de cohesión en la psique es siempre un síntoma de desarrollo inadecuado. A medida que la personalidad del niño y luego del hombre madura hacia su etapa apropiada de desarrollo, los polos de estas formas sombrías se integran y unifican.

Algunos chicos parecen más «maduros» que otros, pues acceden —sin duda de manera inconsciente— a los arquetipos de la infancia más plenamente que sus compañeros. Estos chicos han alcanzado un nivel de integración y unidad interior que otros no han logrado. Otros niños pueden parecer más «inmaduros», incluso a sabiendas de que la inmadurez es inherente a la infancia. Por ejemplo, está bien que un niño sienta lo heroico en su interior, que

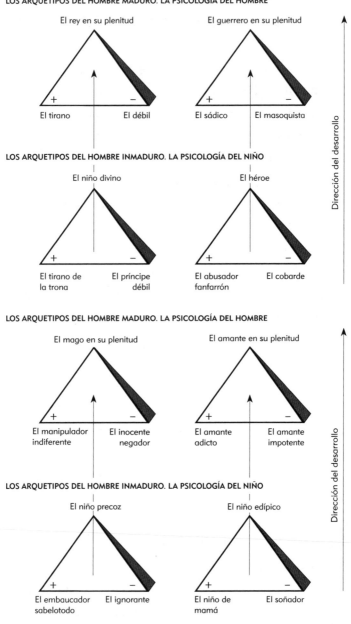

Figura 1. Los arquetipos del hombre maduro e inmaduro.

se vea a sí mismo como un héroe. Pero muchos niños no pueden hacerlo y quedan atrapados en las formas sombrías bipolares del héroe: *el abusador fanfarrón* o *el cobarde*.

Diferentes arquetipos aparecen en diferentes etapas del desarrollo. El primer arquetipo del hombre inmaduro que se «potencia» es *el niño divino*. Le siguen *el niño precoz* y *el niño edípico*. La última etapa de la niñez está gobernada por el héroe. Por supuesto, el desarrollo humano no siempre procede de forma tan ordenada. Hay mezclas de influencias arquetípicas a lo largo de todo el camino.

Curiosamente, cada uno de los arquetipos de la psicología del niño da lugar —de forma compleja— a los respectivos arquetipos de la masculinidad madura: el niño es el padre del hombre. Así, el niño divino, templado y enriquecido por las experiencias vitales, se convierte en el rey. El niño precoz se convierte en el mago, el niño edípico en el amante y el héroe en el guerrero.

Los cuatro arquetipos de la infancia, cada uno con una estructura triangular, pueden unirse para formar una pirámide (véase la figura 2) que representa la estructura de la identidad emergente del niño, su sí-mismo masculino inmaduro. Lo mismo ocurre con la estructura del sí-mismo masculino maduro.

Como acabamos de apuntar, el hombre adulto no pierde su condición de niño, y los arquetipos que forman la base de la infancia no desaparecen. Dado que los arquetipos no pueden desaparecer, el hombre maduro trasciende los poderes masculinos de la niñez y construye sobre

LA ESTRUCTURA PIRAMIDAL DEL SÍ-MISMO MASCULINO MADURO

LA ESTRUCTURA PIRAMIDAL DEL SÍ-MISMO MASCULINO INMADURO

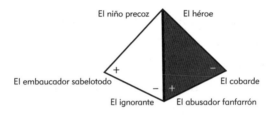

Figura 2

ellos en lugar de demolerlos. La estructura resultante del sí-mismo masculino maduro, por lo tanto, es una pirámide sobre una pirámide (véase la figura 3). Aunque las imágenes no deben tomarse demasiado literalmente, sostenemos que las pirámides son símbolos universales del sí-mismo humano.*

---

* N. de los A.: Según nuestra teoría, la estructura del sí-mismo femenino también tiene forma piramidal. Y consideramos que, cuando las pirámides del sí-mismo masculino y del sí-mismo femenino se colocan una al lado de la otra, estas forman un octaedro, una imagen que representa gráficamente el sí-mismo de Jung, que abarca cualidades tanto masculinas como femeninas. Véase Carl Gustav Jung (2011), *Aión (O. C. Vol. 9/2): contribuciones al simbolismo del sí-mismo.* Trotta.) Nosotros hemos ido más allá de Jung al descifrar el «doble cuaternio».

LA ESTRUCTURA PIRAMIDAL DEL SÍ-MISMO MASCULINO MADURO

LA ESTRUCTURA PIRAMIDAL DEL SÍ-MISMO MASCULINO INMADURO

LA PIRÁMIDE DIVIDIDA EN CAPAS O LA PIRÁMIDE DENTRO DE UNA PIRÁMIDE DE LAS ESTRUCTURAS MASCULINAS DEL SÍ-MISMO

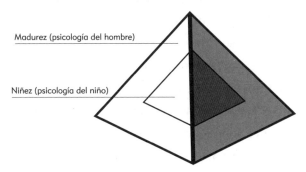

Figura 3

El niño divino

La primera, la más primaria de las energías masculinas inmaduras es el niño divino. Todos conocemos la historia cristiana del nacimiento del niño Jesús. Es un misterio. Proviene del reino divino; nace de una mujer virgen. Hechos milagrosos y acontecimientos especiales lo acompañan: la estrella, los pastores adoradores, los Reyes Magos de Persia... Rodeado por sus fieles, ocupa el lugar central no solo del pesebre, sino del universo. En las canciones populares de Navidad los animales también lo acompañan. Y en los cuadros irradia luz, aparece aureolado por la suave y brillante paja sobre la que está acostado. Porque es Dios, Él es todopoderoso, si bien al mismo tiempo se muestra completamente vulnerable e indefenso. Nada más nacer, el malvado rey Herodes lo descubre y trata de asesinarlo. Hay que protegerlo y llevarlo a Egipto hasta que sea lo suficientemente fuerte como para comenzar la gran obra que será su vida y hasta que las fuerzas que quieren destruirlo hayan agotado sus energías.

Lo que no se suele tener en cuenta es que este mito no es el único. Las religiones del mundo son ricas en historias acerca del bebé milagroso. La propia historia cristiana se inspira en parte en la del nacimiento del gran profeta persa Zoroastro, una historia colmada de milagros en la naturaleza, magos y amenazas contra su vida. En el judaísmo encontramos la historia de niño Moisés, nacido para ser el libertador de su pueblo, su gran maestro y mediador entre Dios y los seres humanos. Fue criado como príncipe de Egipto y, sin embargo, al poco de nacer su vida se vio amenazada por un edicto del faraón, motivo por el que fue abandonado en un canasto de juncos, indefenso y vulnerable, a la deriva del río Nilo. El modelo que inspiró esta historia fue la leyenda mucho más antigua de la infancia del gran rey mesopotámico Sargón de Acad. Y en todo el mundo escuchamos leyendas sobre la maravillosa infancia del pequeño Buda, Krishna, Dioniso...

Aún menos conocido es el hecho de que esta figura del niño divino, universal en nuestras religiones, es también universal dentro de nosotros mismos. Esto puede apreciarse en los sueños de los hombres sometidos a psicoanálisis ya que, frecuentemente, sobre todo cuando empiezan a mejorar, sueñan con un bebé varón que llena el sueño de luz, de alegría y de una sensación de asombro y frescura. Muchas veces, cuando un hombre en terapia empieza a sentirse mejor, le sobreviene el impulso —quizá por primera vez en su vida— de tener hijos.

Estos acontecimientos son señales de que algo nuevo, creativo, fresco e «inocente» nace en su interior. Comienza una nueva etapa de su vida. Sus partes creativas, que habían permanecido en el inconsciente, se abren entonces paso a la conciencia. Experimenta una nueva vida. Pero siempre que se manifiesta el niño divino que llevamos dentro no tardan en llegar los ataques de los Herodes de turno, tanto internos como externos. La nueva vida, incluida la nueva vida psicológica, siempre es frágil.

Cuando sentimos que esta nueva energía se manifiesta dentro de nosotros, tenemos que actuar para protegerla, pues será atacada. Un hombre puede aseverar en terapia: «¡Puede que realmente esté mejor!», e inmediatamente recibir la respuesta de una voz interior que le espete: «Oh, no, no es así. Sabes que nunca estarás bien». Entonces llega el momento de llevar al frágil niño divino a «Egipto».

Si retomamos el tema de la Navidad, de los animales adoradores del niño y de la proclamación de paz en la Tierra que hacen los ángeles, podemos ver en el mito griego de Orfeo que el niño divino es la energía arquetípica que prefigura la energía masculina madura del rey. El hombre-dios Orfeo está sentado en el centro del mundo, desde donde toca su lira y canta una canción que atrae hacia él a todos los animales del bosque. Presa y depredador son atraídos por la canción y se reúnen en torno a Orfeo en perfecta armonía: sus diferencias están resueltas, todos los opuestos reunidos en un orden que trasciende el mundo (funciones características del rey, como veremos).

Sin embargo, este tema del niño divino que trae la paz y el orden a todo el mundo, incluido el mundo animal (y los animales, considerados psicológicamente, representan nuestros propios instintos, a menudo contradictorios), no se limita a los mitos antiguos. Un joven que había acudido a terapia nos contó una vez un hecho insólito ocurrido en su infancia. Una tarde de primavera, cuando tenía probablemente cinco o seis años, salió al jardín trasero de su casa con un anhelo de algo que era demasiado joven para identificar. Reflexionando sobre ello años después, concluyó que fue un anhelo de paz interior, armonía y un sentido de unidad con todas las cosas. Se puso de espaldas a un enorme roble que crecía en el jardín y empezó a cantar una canción que inventaba sobre la marcha. Le resultaba hipnótica. Cantaba su anhelo; cantaba su tristeza. Y cantaba una especie de profunda alegría en tono menor.

Entonaba un canto de compasión por todos los seres vivos. Era una suerte de canción de cuna reconfortante para sí mismo y para los demás (una canción para el bebé varón). Muy pronto empezó a notar que los pájaros se acercaban al árbol, unos pocos cada vez. Prosiguió con el canto y, a medida que lo hacía, más pájaros se acercaron; revoloteaban alrededor y se posaban en sus ramas. Al final, el árbol se llenó de pájaros. Estaba lleno de vida. Le pareció que habían sido atraídos por la belleza y la compasión de su canto. Al acudir a adorarlo, refrendaron *su* belleza y respondieron a *su* anhelo. El árbol se convirtió en un árbol de la vida, y, renovado por esta confirmación de su niño divino interior, pudo seguir adelante.

El arquetipo del niño divino que aparece en nuestros mitos —como Orfeo, Cristo o el niño Moisés—, en los mitos de muchas religiones encarnado en diversas figuras, en los sueños de los hombres sometidos a terapia y en las experiencias reales de los niños, parece residir en los «vínculos innatos» de todos nosotros. Parece que nacemos con ello. Recibe muchos nombres y es valorado de forma dispar por las distintas escuelas de psicología. Normalmente los psicólogos lo condenan y, de hecho, tratan de desconectar a sus pacientes de él. Lo importante es observar que el niño divino está incorporado en nosotros como un patrón primario de lo masculino inmaduro.

Freud se refirió a él como *id*, el «ello». Lo consideraba como un conjunto «primitivo» de pulsiones «infantiles», amoral, enérgico y lleno de pretensiones divinas. Era el empuje subyacente de la propia naturaleza impersonal, preocupada únicamente por satisfacer las necesidades ilimitadas del niño.

El psicólogo Alfred Adler se refirió a ello como la «pulsión de poder» oculta en cada uno de nosotros, como el complejo de superioridad oculto que encubre nuestro verdadero sentimiento de vulnerabilidad, debilidad e inferioridad. (Recordemos: el niño divino es a la par todopoderoso, el centro del universo, y totalmente indefenso y débil. De hecho, esta es la experiencia real de los bebés).

Heinz Kohut, quien desarrolló lo que él mismo denominó «psicología del sí-mismo»,[*] habla de ella como «la orgullosa organización del sí-mismo», que se muestra exigente con nosotros mismos y con los demás de un modo que jamás puede cumplirse. La teoría psicoanalítica más reciente sugiere que los individuos poseídos o identificados con este orgullo «infantil» expresan un «trastorno narcisista de la personalidad».

---

[*] Kohut, H. (2001). *La restauración del sí-mismo*. Paidós ibérica.

Los seguidores de Carl Jung, sin embargo, ven a este niño divino de forma diferente. No lo ven en términos patológicos. Los junguianos creen que el niño divino es un aspecto fundamental del sí-mismo arquetípico, diferente del ego, que es el sí-mismo en una escala menor. Para ellos, este niño divino que llevamos dentro es la fuente de la vida. Posee cualidades mágicas y fortalecedoras, y entrar en contacto con él produce una enorme sensación de bienestar, entusiasmo por la vida, gran paz y alegría, como le ocurrió al niño bajo el roble.

Creemos que todas y cada una de estas escuelas de psicoanálisis tienen razón. Cada una recoge los dos aspectos diferentes de esta energía: por un lado, un aspecto integrado y unificado, y por otro, un aspecto distinto, el lado sombrío. En la parte superior de la estructura arquetípica triangular experimentamos al niño divino, que nos renueva y nos mantiene «jóvenes de corazón». En la base del triángulo experimentamos lo que llamamos *el tirano de la trona* y *el príncipe débil*.

◆ El tirano de la trona

El tirano de la trona queda plasmado en la imagen del pequeño lord Fauntleroy[*] sentado en su trona mientras golpea su cuchara contra la bandeja y pide a gritos que su madre le dé de comer, lo bese y lo mime. Como una versión oscura del niño Jesús, es el centro del universo;

---

[*] Burnett, F. H. (2015). *El pequeño lord*. Espuela de Plata.

los demás existen para satisfacer sus necesidades y deseos omnipotentes. Sin embargo, cuando llega la comida, esta a menudo no cumple con sus especificaciones: no es lo bastante buena; no es del tipo adecuado; está demasiado caliente o demasiado fría, demasiado dulce o demasiado ácida. Así que la escupe sobre el suelo o la lanza a la otra punta de la habitación. Si se pasa de escrupuloso, ninguna comida, por mucha hambre que tenga, será la adecuada. Y si su madre lo alza de la trona después de «fallarle» tan estrepitosamente, gritará y se retorcerá y rechazará sus intentos de apaciguarlo, porque no los llevó a cabo exactamente en el momento preciso.

El tirano de la trona se hiere a sí mismo con su orgullo —la ilimitación de sus exigencias— porque rechaza lo que necesita para vivir: alimento y amor.

Las características del tirano de la trona incluyen la arrogancia (lo que los griegos llamaban *hýbris*, 'orgullo abrumador'), el infantilismo (en sentido peyorativo) y la irresponsabilidad, incluso consigo mismo, como infante mortal que tiene que satisfacer sus necesidades biológicas y psicológicas. Todo esto es lo que los psicólogos llaman infatuación o narcisismo patológico. El tirano de la trona necesita aprender que él no es el centro del universo y que el universo no existe para satisfacer todas sus necesidades o, mejor dicho, sus necesidades ilimitadas, sus pretensiones de divinidad. El universo lo criará, pero no en su forma de dios.

El tirano de la trona, a través del rey sombrío, puede continuar siendo una influencia arquetípica dominante en la adultez. Todos conocemos la historia del líder prometedor, el director general o el candidato a la presidencia que empieza a ascender y luego se pega un tiro en el pie. Sabotea su éxito y se estrella contra el suelo. Los antiguos griegos decían que a la *hýbris* siempre le sigue la némesis. Los dioses siempre derriban a los mortales que se vuelven demasiado arrogantes, exigentes o infatuados. Ícaro, por ejemplo, se fabricó unas alas de plumas y cera para volar como los pájaros (léase «dioses») y, acto seguido, en plena infatuación y en contra de las advertencias de su padre, voló demasiado cerca del sol. El sol derritió la cera, las alas se desintegraron y él cayó en picado al mar.

Todos estamos familiarizados con el dicho «el poder corrompe, y el poder absoluto corrompe absolutamente».* El rey Luis XVI de Francia perdió la cabeza a causa de su arrogancia. A menudo, a medida que los hombres ascendemos en el organigrama corporativo, a medida que ganamos más autoridad y poder, asimismo aumenta el riesgo de autodestrucción. El jefe que únicamente quiere hombres que respondan «sí» a todo, que no desea saber lo que está sucediendo; el presidente que no quiere escuchar los consejos de sus directores generales; el director de escuela que no puede tolerar las críticas de sus maestros:

---

* N. del T.: Cita atribuida al historiador inglés John Emerich Edward Dahlberg Acton, más conocido como lord Acton (1834-1902).

todos son hombres poseídos por el tirano de la trona que cabalga hacia el barranco.

El tirano de la trona que ataca a su huésped humano es el perfeccionista, espera lo imposible de sí mismo y se reprende (como hacía su madre) cuando no puede satisfacer las exigencias del infante que lleva dentro. El tirano presiona al hombre para obtener mayor y mejor rendimiento y nunca está satisfecho con lo que produce. Este hombre infortunado se convierte en esclavo (como lo fue la madre) del orgulloso niño de dos años que lleva dentro. Debe poseer más cosas materiales. No puede cometer errores. Y como es incapaz de satisfacer las exigencias del tirano interior, desarrolla úlceras y enferma. En última instancia, no puede resistir la incesante presión. Los hombres en ocasiones nos enfrentamos al tirano con un ataque al corazón. Nos ponemos en huelga contra él. Finalmente, solo queda una única forma de escapar del señorito: la muerte.

Cuando el tirano de la trona no pueda ser controlado, se manifestará en un Stalin, un Calígula o un Hitler, todos ellos sociópatas malignos. Nos convertiremos en el director general que prefiere ver fracasar la empresa antes que lidiar con nuestro propio orgullo, nuestra propia identificación con el exigente «dios» interior. Podemos ser Hitler en miniatura, pero destruiremos nuestro país en el proceso.

Se ha dicho que el niño divino solo desea existir y que todas las cosas fluyan hacia él. No quiere hacer nada. El artista quiere ser admirado sin tener que mover un dedo. El director general quiere sentarse en su despacho; disfrutar de sus sillones de cuero, sus puros y sus atractivas secretarias; cobrar su elevado salario y sacarle partido a sus prebendas. Pero no quiere hacer nada por la empresa. Se imagina invulnerable y omnipotente. A menudo rebaja y degrada a quienes intentan lograr algo. Sentado en su trona, está preparándose para recibir el hachazo.

◆ El príncipe débil

El otro lado de la sombra bipolar del niño divino es el príncipe débil. El niño (y más tarde el hombre) que está poseído por el príncipe débil parece tener escasa personalidad, ningún entusiasmo por la vida y exigua iniciativa. Este es el niño que necesita ser mimado; el bebé demandante que emite gimoteos o quejidos mudos de impotencia dirigidos a quienes lo rodean. Necesita que lo lleven entre algodones, pues todo es demasiado para él. Rara vez participa en juegos infantiles, tiene pocos amigos, no le va bien en la escuela y con frecuencia es hipocondríaco. Su menor deseo es una orden para sus padres. Toda la estructura familiar gira en torno a su comodidad. Sin embargo, revela la deshonestidad de su impotencia en sus afilados ataques verbales a sus hermanos, en el mordaz sarcasmo que dirige contra ellos y en la patente manipulación de sus sentimientos. Puesto que ha convencido a sus padres de que es una víctima desvalida de la vida y de que los demás se meten con él, cuando surge una disputa entre él y un hermano, sus progenitores tienden a castigar al hermano y excusarlo a él.

El príncipe débil es el polo opuesto del tirano de la trona y, aunque rara vez tiene los berrinches del tirano, ocupa de igual modo un trono, aunque menos fácil de detectar. Tal y como ocurre en todos los trastornos bipolares, de vez en cuando el ego poseído por uno de los polos se deslizará de forma gradual o saltará repentinamente al opuesto. Si nos servimos del símil de los dos polos del imán para describir este fenómeno, podríamos decir que la polaridad de dicho imán se invierte en función de la dirección de la corriente eléctrica que lo atraviesa. Cuando se produce tal inversión en el niño atrapado en la sombra bipolar del niño divino, pasará de los arrebatos tiránicos a la pasividad depresiva o de la debilidad aparente a las exhibiciones de ira.

◆ *El acceso al niño divino*

Para acceder adecuadamente al niño divino necesitamos reconocerlo, pero no identificarnos con él. Necesitamos amar y admirar la creatividad y la belleza de este aspecto primitivo del sí-mismo masculino, pues, si no tenemos esta conexión con él, nunca vamos a ver las posibilidades que la vida nos ofrece. Nunca aprovecharemos las oportunidades que nos brindan novedad y frescura.

Ya se trate de un activista, un artista, un administrador o un profesor, todo el que tenga capacidad de liderazgo necesita estar conectado con el niño creativo y juguetón para manifestar todo su potencial y hacer progresar su causa, su empresa, su creatividad y su capacidad generativa individual y colectivamente. La conexión con este arquetipo evita que nos sintamos agotados, aburridos e incapaces de ver la abundancia de potencial humano alrededor de nosotros.

Ya hemos comentado que los terapeutas a menudo deprecian el sí-mismo orgulloso de sus pacientes. Si bien en ocasiones es necesario que los pacientes tomen distancia emocional y cognitiva del niño divino, nosotros mismos no hemos encontrado muchos hombres (al menos entre aquellos que buscaban someterse a terapia) que se *identifiquen* con su creatividad. Más bien suelen necesitar entrar en contacto con ella. Queremos *fomentar* la grandeza en los hombres.

Queremos alentar la ambición. Creemos que nadie realmente desea ser un individuo gris o normal. En muchas ocasiones, la definición de normal es «promedio». Nos parece que vivimos en una época que está bajo la maldición de la normalidad, caracterizada por la elevación de lo mediocre. Parece probable que aquellos terapeutas que subestiman persistentemente el «brillo» del sí-mismo orgulloso en sus pacientes estén ellos mismos escindidos de su propio niño divino. Envidian la belleza y la frescura, la creatividad y la vitalidad del niño de sus pacientes.

Los antiguos romanos creían que cada bebé nacía con lo que llamaban su «genio», un espíritu guardián asignado al nacer. Las fiestas de cumpleaños romanas se celebraban no tanto para honrar a un individuo sino a su genio, el ser divino que vino al mundo con él o ella. Los romanos sabían que no era el ego del hombre la fuente de su música, su arte, su capacidad de gobernar o sus valerosas hazañas, sino el niño divino, un aspecto del sí-mismo dentro de él.

Debemos hacernos dos preguntas. La primera no es *si* manifestamos al tirano de la trona o al príncipe débil, sino *cómo* lo hacemos, ya que todos manifestamos a ambos en alguna medida y de alguna forma. Como mínimo, todos lo hacemos cuando nos retrotraemos a la niñez en estados de fatiga o cuando estamos extremadamente asustados. La segunda cuestión no es si el niño creativo existe en nuestro interior, sino cómo lo honramos o cómo no lo hacemos. Si no lo sentimos en nuestra vida privada y en nuestro trabajo, entonces tenemos que preguntarnos de qué manera lo estamos bloqueando.

El niño precoz

Hay una maravillosa estatuilla del antiguo mago y visir egipcio Imhotep de niño. Imhotep está sentado en un pequeño trono mientras lee un pergamino. Su rostro es amable y pensativo, pero rebosante de un resplandor interior. Sus ojos miran las palabras escritas que sostiene reverentemente entre sus manos. Su postura trasluce gracia, aplomo, concentración y confianza en sí mismo. Esta estatuilla no es en realidad un retrato, sino una imagen del arquetipo del niño precoz.

El niño precoz se manifiesta en un chico cuando está ansioso por aprender, cuando su mente se acelera, cuando quiere compartir con los demás aquello que aprende. Hay un brillo en sus ojos y una energía en su cuerpo y en su mente que demuestran que comienza a aventurarse en el mundo de las ideas. Este niño (y, más tarde, este hombre) quiere saber el «porqué» de todo. Les pregunta a sus padres: «¿Por qué el cielo es azul?», «¿Por qué se caen las hojas?», «¿Por qué tienen que morir las cosas?». Quiere saber el «cómo» de las cosas, el «qué» y el «dónde». Suele aprender a leer a una edad temprana para poder responder a sus propias preguntas. Habitualmente es buen estudiante y participa con entusiasmo en los debates de clase. Muchas veces, este chico también tiene talento en una o varias áreas: puede ser capaz de dibujar y pintar bien o de tocar un instrumento musical con destreza. Asimismo, se le pueden dar bien los deportes. El niño precoz es la fuente generadora de los llamados niños prodigio.

Este niño precoz es el origen de nuestra curiosidad y nuestros impulsos aventureros. Nos impulsa a ser exploradores y pioneros de lo desconocido, lo extraño y lo misterioso. Nos hace asombrarnos del mundo que nos *rodea* y del mundo que llevamos *dentro*. Un chico para el que el niño precoz es una poderosa influencia quiere saber qué hace que los demás actúen como actúan, por qué tiene los sentimientos que tiene. Tiende a ser introvertido y reflexivo, y es capaz de ver las conexiones ocultas en las cosas. Puede lograr el distanciamiento cognitivo de las personas que lo rodean mucho antes de que sus compañeros sean capaces de conseguirlo. Aunque introvertido y reflexivo, también es extrovertido y se acerca a los demás para compartir con ellos sus conocimientos y su talento. Habitualmente experimenta un poderoso impulso de ayudar a los demás con sus conocimientos, y sus amigos suelen acudir a él a sabiendas de que tienen un hombro sobre el que llorar, así como un colaborador para sus tareas escolares. El niño precoz en un hombre mantiene viva su curiosidad y su capacidad de asombro, estimula su intelecto y lo traslada en la dirección del mago maduro.

◆ *El embaucador sabelotodo*

La sombra bipolar del niño precoz, al igual que todas las formas sombrías de los arquetipos del hombre inmaduro, puede continuar en la edad adulta, donde provoca que los futuros hombres manifiesten un infantilismo inapropiado en sus pensamientos, sentimientos y comportamientos. El embaucador sabelotodo es, como su nombre indica, esa energía masculina inmadura que juega malas pasadas —de mayor o menor gravedad—, y lo hace en la propia vida de quien lo padece y en la de los demás. Es experto en crear apariencias y luego «vendernos» esas apariencias. Seduce a la gente para que lo crea y después la engaña. Consigue que creamos en él, que confiemos en él, y, seguidamente, nos traiciona y se ríe de nuestra miseria. Nos conduce hasta un paraíso en la selva para luego servirnos un festín de cianuro. Siempre en busca del inocente de turno, es un bromista experto en tomarnos el pelo. Un manipulador.

El sabelotodo es ese aspecto del embaucador en un niño o un hombre que disfruta con la intimidación de los demás. El niño (o el hombre) bajo el poder del sabelotodo habla mucho. Siempre tiene la mano levantada en clase, no porque quiera que sus compañeros participen en la discusión, sino porque quiere que entiendan que es más inteligente que ellos. Desea hacerles creer que, comparados con él, son tontos.

Sin embargo, el niño poseído por el sabelotodo no necesariamente limita su exagerada precocidad a la exhibición intelectual. Puede ser un sabelotodo sobre cualquier tema o actividad. Un chico de una familia inglesa acomodada vino a Estados Unidos un verano para pasar un mes en el campamento de la YMCA. Empleaba buena parte de su tiempo en contarles a los otros chicos, a quienes llamaba plebeyos, todo sobre sus numerosos viajes por Europa y Asia con su padre, que era diplomático. Cuando estos le preguntaban por ciertos detalles sobre tal o cual ciudad extranjera, el chico inglés respondía: «¡Estúpidos americanos! De lo único que sabéis es de vuestros campos de maíz». Y representaba su espectáculo de «soy superior a vosotros» con acento de la alta burguesía británica. Ni que decir tiene que los chicos americanos se sentían entonces avergonzados y enfadados.

El niño o el hombre bajo el poder del sabelotodo se granjea muchas enemistades; abusa verbalmente de los demás, a los que considera inferiores. Tanto es así que en muchas ocasiones puede ser encontrado bajo una pila de enojados compañeros de escuela primaria, víctima de un vapuleo. Sale de estos encuentros con los ojos morados, pero con una convicción desafiante de su propia superioridad. Conocemos un caso extremo en el que el niño sabelotodo llegó a creer que él personificaba la segunda venida de Jesucristo y lo único que no podía llegar a entender era por qué nadie parecía reconocerlo.

El hombre sabelotodo que sigue poseído por esta forma sombría infantil del niño precoz lleva su superioridad en sus tirantes y en sus trajes de negocios; la lleva en su maletín y la exhibe en su actitud de «estoy demasiado ocupado y soy demasiado importante para hablar con usted ahora». Es característicamente engreído y, con frecuencia, luce una sonrisa arrogante. Suele dominar las conversaciones; torna las amistosas en sermones y convierte las discusiones en diatribas. Desprecia a los que no saben lo que él sabe o tienen opiniones diferentes a las suyas. Siendo el embaucador la autoridad bajo la que opera el sabelotodo, el hombre atrapado en esta influencia infantil suele engañar a los demás —y quizá también a sí mismo— acerca de la profundidad de sus conocimientos o el nivel de su importancia.

No obstante, también tiene su lado positivo. Se le da muy bien desinflar el ego, el nuestro y el de los demás.

Y, en muchas ocasiones, necesitamos que nos lo desinflen. Sabe detectar en un instante cuándo, y exactamente de qué manera, estamos envanecidos e identificados con nuestro orgullo. Y se lanza a por ello con el objeto de restablecer nuestras proporciones humanas y de exponer todas nuestras fragilidades. Este era el papel del bufón en las cortes de la Europa medieval. Cuando, durante una gran ceremonia, todo el mundo adoraba al rey y hasta el propio rey comenzaba a echarse flores, el bufón interrumpía dicha ceremonia y... ¡se tiraba pedos! Decía: «No se envanezca. Todos los que estamos aquí somos solo seres humanos, no importa el estatus que nos otorguemos unos a otros».

En la Biblia, Jesús llama a Satanás padre de la mentira y, por ende, lo identifica con el embaucador en su aspecto negativo. Sin embargo, de forma indirecta, la Biblia también muestra a Satanás —el embaucador— bajo una luz positiva, pese a que la mayoría de nosotros probablemente nos hayamos perdido esta parte. La historia de Job, por ejemplo, describe una relación de respeto mutuo entre el propio Job y Dios. Dios le ha dado gran riqueza y seguridad material, salud y una gran familia. Job, por su parte, no cesa de alabar a Dios: forman una sociedad de admiración mutua. Entonces entra en escena Satanás, quien percibe el olor de la hipocresía de todo el asunto. En este caso es un alborotador... por el bien de la verdad. Su idea es que si Dios maldice a Job, este dejará de cantar las alabanzas del Señor. Dios no quiere creer a Satanás, pero sigue adelante con el plan, posiblemente porque sabe de forma instintiva que tiene razón. Y la tiene. Una vez que Dios le ha quitado a Job todo lo que tenía —su familia, su riqueza y su salud—, este por fin se despoja de su devoción superficial y agita su puño violentamente contra Él. En respuesta, Dios procede a intimidarlo.

Incluso en la historia del jardín del Edén, Satanás crea problemas con tal de exponer la naturaleza fraudulenta y delirante de la supuestamente «bondadosa» creación. Dios quería creer que todo lo que había hecho era bueno, pero, después de todo, había creado el mal y lo había colgado en el árbol del conocimiento del bien y del mal. En forma de serpiente, Satanás estaba decidido a exponer el lado sombrío de esta «límpida» creación. Lo consiguió con la «caída» de Adán y Eva. Solamente después de que Satanás hubiera expuesto el mal en la creación —y, por extensión, en Dios creador— podrían tener lugar la honestidad y la curación.

Los jóvenes pandilleros de *West Side Story*,[*] quienes de forma payasesca y embaucadora intentan esquivar responsabilidades y excusar su comportamiento destructivo ante un fingido sargento Krupke, en realidad se limitan a exponer —con bastante precisión— el lado sombrío, el lado menos idílico de la sociedad que los convirtió en lo que son.

---

[*] Robbins, J. y Wise R. (directores) (1961). *West Side Story* (película). Metro Goldwyn Mayer.

¿Cómo funciona el embaucador? Supongamos que te dispones a dar lo que consideras la conferencia más brillante de tu vida. Estás muy orgulloso de tu peculiar perspicacia. Te sientas ante el ordenador y le ordenas que imprima las notas que habías anotado en él antes, pero la impresora no funciona, ergo tu propio embaucador interior te ha engañado.

O vas a participar en un acto importante. Haces tus cálculos para que todo el mundo te espere, solo unos minutos, lo suficiente para que se den cuenta de lo importante que eres. Por fin caminas hasta el coche y te preparas para hacer tu viaje triunfal, pero no encuentras las llaves: están ahí encerradas, aún en el contacto. La *hýbris* conduce a la némesis; así es como el embaucador trabaja contra —a la larga, quizá, *para*— nosotros.

Igualmente actúa a través de nosotros contra los demás. Tal vez tú seas el bufón, el que acosa sin piedad a los demás con sus bromas hasta que alguien le hace una mejor y se ve obligado a reconocer lo mucho que duele. O el vendedor de coches que engaña a sus clientes sobre el verdadero margen de beneficio del vehículo... y luego la dirección lo engaña a *él* (a ti) con su comisión.

Una vez conocimos a un estudiante de posgrado que estaba realmente poseído por este aspecto del arquetipo. No podía dejar de exponer las debilidades de los demás a través de su encantador —y no tan encantador— humor a costa de ellos. Se reía de las meteduras de pata de sus profesores en clase. Se mofaba cuando el director de la escuela se trabucaba con sus propias palabras. Él mismo poseía aspiraciones políticas; tenía la esperanza de crear un movimiento estudiantil que respaldase su causa favorita. Sin embargo, se enemistó con las personas que necesitaba que fueran sus seguidores y mentores. Su actitud embaucadora acabó provocando su aislamiento y la pérdida total de su autoridad. Solo después, en terapia, cuando se familiarizó con la fuerza posesiva de este arquetipo al estudiar los relatos de los nativos americanos protagonizados por personajes embaucadores,* consiguió liberarse de su comportamiento compulsivo y autodestructivo.

Tal vez el embaucador más conocido se encuentre en la Biblia, en la historia de Jacob y Esaú y de cómo Jacob obtuvo la primogenitura de Esaú «vendiéndole» un plato de sopa. Jacob engañó a su hermano mayor para que renunciara a toda su legítima condición y riqueza como heredero de la fortuna de su padre. Sirviéndose de la manipulación, tomó lo que no era suyo.

Debemos entender con claridad su energía inmadura: aunque en su modo positivo parezca que su propósito es exponer toda mentira, si no se controla pasa a su lado negativo y se vuelve destructiva para uno mismo y para los demás. Porque el lado negativo de esta energía masculina inmadura es realmente hostil y desprecia todo esfuerzo

---

* N. del T.: En la mitología y el folclore de los nativos americanos, además de dioses, héroes y otros seres míticos, se habla de los «embaucadores». Un embaucador (o *trickster*) es un dios, diosa, espíritu, hombre, mujer o bestia antropomórfica que con astucia manipula y hace trucos, o que de una u otra manera desobedece reglas y normas de comportamiento.

real, todo derecho, toda belleza en los demás. El embaucador, al igual que el tirano de la trona, no quiere hacer nada por sí mismo. No quiere conseguir nada honestamente. Solo desea ser... aquello que no tiene derecho a ser. En lenguaje psicológico, el embaucador es alguien pasivo-agresivo.

Esta es la forma de energía que persigue la caída de los grandes hombres, la misma que se deleita en la destrucción de un hombre importante. Pero el embaucador no quiere sustituir al hombre caído. No quiere asumir las responsabilidades de ese hombre. Desea hacer lo justo para destrozar las cosas de los demás.

El embaucador provoca en el niño (o en el hombre pueril) un problema de autoridad. Un niño (o un hombre) así siempre puede encontrar a un adulto al que odiar y a la postre derribar. Creerá a pies juntillas que todos los hombres poderosos son corruptos y abusivos. No obstante, al igual que el hombre poseído por el príncipe débil, está condenado a permanecer por siempre en los márgenes de la vida, incapaz de responsabilizarse nunca de sí mismo ni de sus actos.

Su energía proviene de la envidia. Cuanto menos en contacto esté un hombre con sus verdaderos talentos y capacidades, más envidiará a los demás. Si envidiamos mucho, negaremos nuestra genuina grandeza, nuestro niño divino. Por consiguiente, debemos ponernos en contacto con aquello que nos hace especiales, con nuestra propia belleza y creatividad. La envidia bloquea la creatividad.

El embaucador es el arquetipo que se apresura a llenar el vacío que dejan en el niño u hombre inmaduro la negación y la falta de conexión con el niño divino. Su desarrollo se activa cuando somos minusvalorados y atacados por nuestros padres (o hermanos mayores), cuando sufrimos maltrato emocional. Si no sentimos que somos realmente especiales, caeremos bajo el dictado del embaucador, el «sabelotodo», y bajaremos los humos a los demás cuando se sientan especiales, incluso cuando nadie solicite que lo hagamos. El embaucador sabelotodo no tiene héroes, puesto que tener héroes significa admirar a los demás. Solamente podemos admirar a los demás si somos conscientes tanto de nuestra propia valía como de estar desarrollando la confianza en nuestras energías creativas.

◆ El ignorante

El niño (u hombre) sometido al otro polo de la sombra disfuncional del niño precoz —*el ingenuo ignorante*—, al igual que el príncipe débil, carece de personalidad, vigor y creatividad. Parece insensible, apagado, incapaz de aprender las tablas de multiplicar, contar el cambio o decir la hora. En muchas ocasiones se dice de él que es un necio. Además, carece de sentido del humor y, con frecuencia, parece no entender los chistes. También puede parecer físicamente inepto: no tiene buena coordinación, por lo que suele ser objeto de burlas y desprecio cuando agarra con torpeza la pelota o no acierta a batear un lanzamiento al final de la novena entrada. Este chico también puede dar la impresión de ser naif. Si no lo es, al menos parece ser el último muchacho del barrio en aprender lo que pasa con «los bebés que traen las cigüeñas».

No obstante, la ineptitud del ignorante es en muchas ocasiones fingida. Puede que comprenda mucho más de lo que demuestra, y su actitud de estúpido puede enmascarar un orgullo oculto que se considera a sí mismo demasiado importante (así como demasiado vulnerable) para el mundo terrenal. Por tanto, íntimamente vinculado en secreto con un sabelotodo, el ignorante también es un embaucador.

El niño edípico

Todas las energías masculinas inmaduras están de un modo u otro demasiado ligadas a la madre y son deficientes en su experiencia de la masculinidad madura y edificante.

Aunque el chico para el cual el niño edípico es una poderosa influencia arquetípica pueda presentar deficiencias en su experiencia de la masculinidad edificante, también es capaz de acceder a las cualidades positivas del arquetipo. Muestra pasión, cuenta con sentido del asombro y aprecia su propia conexión consigo mismo a un nivel profundo, con los demás y con el resto de las cosas. Además, es cálido, afectuoso y empático. A través de su experiencia de conexión con la madre (la relación primordial para casi todos nosotros), expresa los orígenes de lo que podemos llamar espiritualidad. Su sentido de la unidad mística y la comunión mutua de todas las cosas surge de su profundo anhelo por la madre infinitamente edificante, infinitamente buena e infinitamente bella.

Esta madre no es su verdadera madre mortal. *Ella* está destinada a decepcionarlo la mayor parte del tiempo debido a la necesidad que él tiene no solo de conexión, sino también de perfecto e infinito amor y aliento. La madre que siente más allá de la suya, más allá de toda la belleza y el sentimiento de las cosas del mundo (lo que los griegos llamaban *eros*), y que experimenta en los sentimientos más profundos y en las imágenes de su vida interior, es más bien la gran madre: la diosa que en sus muchas formas aparece en los mitos y leyendas de diversos pueblos y culturas.

Una vez un joven que acudió a terapia en parte porque quería resolver sus problemas con su madre nos narró una notable percepción que su propio inconsciente le había transmitido: aproximadamente a mitad de su tratamiento, mientras visitaba a su madre, ella y él se enzarzaron en una de sus frecuentes peleas. No conseguía que ella entendiese su punto de vista. Y entonces, le espetó disgustado: «¡Dios, todopoderosa madre!». Fue un lapsus freudiano, como decimos nosotros. Había querido decir: «¡Por Dios todopoderoso, mamá!». Ambos dejaron repentinamente de discutir, se avergonzaron y rieron nerviosamente, pues se dieron cuenta de la importancia de su *lapsus linguae*. A partir de ese momento, empezó a dirigir su sentido espiritual de la madre todopoderosa hacia la gran madre arquetípica, que, según comprendió, era la madre de su propia madre mortal. Se dispuso a dejar de experimentar a su madre como la gran madre y a ser capaz de liberarla, a ella y a todas las demás mujeres, de llevar por él una carga tan pesada como la de ser semejante a Dios. No solo mejoraron sus relaciones con su novia y con su madre, sino que su espiritualidad alcanzó una mayor hondura. Inició la conversión de su sentido de la conexión profunda en oro espiritual.

◆ El niño de mamá

La sombra del niño edípico está formada por el niño de mamá y el soñador. Como todos sabemos, el niño de mamá está «pegado a las faldas de su madre», y, debido a él, el chico fantasea con casarse con su madre para arrebatársela a su padre. Si no hay padre o este es débil, el impulso edípico surge con más fuerza, y este lado paralizante de la sombra bipolar del niño edípico puede poseerlo.

El complejo de Edipo es un concepto acuñado por Freud, que vio en la leyenda del rey griego Edipo un relato mitológico de esta forma de energía masculina inmadura. Su historia es muy conocida.

El rey Layo y su esposa, Yocasta, tuvieron un niño al que llamaron Edipo. A causa de una profecía que decía que Edipo mataría a su padre, Layo mandó que llevaran a este niño especial al campo y lo abandonaran a la intemperie en la ladera de una colina, donde los elementos acabarían con él. Sin embargo, como siempre ocurre con los niños divinos, Edipo fue rescatado: un pastor lo encontró y lo crio hasta que se hizo adulto.

Un día, mientras Edipo caminaba por una calzada, un carro estuvo a punto de atropellarlo. Se peleó con su dueño y lo mató. El dueño del carro, aunque él no lo supiera, era su padre, Layo. Edipo se dirigió entonces a Tebas, donde se enteró de que la reina buscaba marido. La reina era Yocasta, su madre. Edipo se casó con ella y tomó el trono de su padre. Unos años más tarde, la peste se abatió sobre el reino y fue entonces cuando se desveló la terrible verdad. Edipo, el rey ilegítimo, fue destronado. La verdad psicológica subyacente en esta historia es que Edipo estaba inconscientemente infatuado y por ende fue castigado por los dioses. Había asesinado a su padre (el «dios») y tomado en matrimonio a su madre (la «diosa»). Fue destruido por la infatuación de sus afanes inconscientes de divinidad. Desde el punto de vista de su desarrollo, para todo niño la madre es la diosa y el padre es el dios. Los niños que están demasiado unidos a la madre resultan heridos.

Otro ejemplo es la historia de Adonis, quien se convirtió en el amante de Afrodita, diosa del amor. Que un joven mortal pretendiera a una diosa era un hecho intolerable, de modo que Adonis fue abatido por un jabalí (un dios en forma animal, en realidad: la figura del padre) y falleció.

Otra característica del niño de mamá es que frecuentemente se ve atrapado en la persecución de lo bello, lo conmovedor, el anhelo de unión con la madre, y, en consecuencia, salta de una mujer a otra. Ninguna mortal lo satisface, pues va en busca de la diosa inmortal. Aquí nos topamos con el síndrome de don Juan. El niño edípico, infatuado más allá de las dimensiones mortales, no puede atarse a una sola mujer.

El joven bajo el poder del niño de mamá es, además, lo que se denomina autoerótico: puede masturbarse compulsivamente o aficionarse a la pornografía en busca de esa diosa en las casi infinitas formas del cuerpo femenino. Algunos hombres bajo el influjo infantil característico del niño de mamá —como aspecto del niño edípico— tienen vastas colecciones de cuadros de mujeres desnudas, ya sea solas o practicando sexo con otros varones. Busca experimentar su masculinidad, su poder fálico, su capacidad generativa; no obstante, en lugar de afirmar su propia masculinidad como hombre mortal, en realidad lo que busca es experimentar el pene de Dios —el gran falo— que a su vez experimenta a *todas* las mujeres, o más bien que experimenta la unión con la diosa madre en su infinidad de formas femeninas.

Atrapado en la masturbación y el uso compulsivo de la pornografía, el niño de mamá, tal y como sucede con todas las energías inmaduras, solo anhela existir. No está dispuesto a hacer lo necesario para unirse realmente a una mujer mortal y lidiar con todos los complejos sentimientos que implica una relación íntima. No quiere asumir responsabilidades.

◆ *El soñador*

El otro polo de la sombra disfuncional del niño edípico es el soñador. Este lleva al extremo los impulsos espirituales del niño edípico. Aunque el chico poseído por el niño de mamá también muestre signos de pasividad, al menos busca activamente a «mamá». El soñador, sin embargo, provoca que el niño se sienta aislado, apartado de todas las relaciones humanas. Para el niño que está bajo el hechizo del soñador, las relaciones se limitan a las cosas intangibles y el mundo de la imaginación que lleva dentro. Por este motivo, mientras otros niños juegan, él se sienta sobre una piedra a soñar despierto. Sus logros son escasos y parece retraído y deprimido. Asiduamente, sus sueños tienden a ser o bien melancólicos, o bien muy idílicos y etéreos.

El niño poseído por el soñador es tan deshonesto como el poseído por algunos de los otros polos sombríos, si bien su deshonestidad suele ser inconsciente. Su comportamiento tendente al aislamiento y la disipación puede enmascarar el polo oculto y opuesto de la sombra del niño edípico, el niño de mamá. De forma indirecta, lo que este niño muestra realmente es su despecho por no haber logrado la posesión de la madre. Bajo la depresión del Soñador se oculta su orgullosa intención de poseerla.

El héroe

Hay mucha confusión en torno al arquetipo del héroe. Generalmente se asume que el enfoque heroico de la vida o de una tarea determinada es aquel más noble, pero esto solo es cierto en parte. De hecho, el héroe es únicamente una forma avanzada de la psicología del niño, la forma más avanzada —la cima— de las energías masculinas del niño, el arquetipo que caracteriza lo mejor de la etapa adolescente del desarrollo. No obstante, el héroe es inmaduro; cuando se traslada a la edad adulta como arquetipo rector ejerce de barrera entre los hombres y su plena madurez.

Si pensamos en el héroe como el fanfarrón o el abusador, este aspecto negativo se esclarece aún más.

◆ El abusador fanfarrón

El niño (u hombre) bajo el poder del abusador pretende impresionar a los demás. Sus estrategias están diseñadas para proclamar su superioridad y su derecho a dominar a los que lo rodean. Reclama ser el centro de atención como quien reclama un derecho natural.

Si alguna vez se cuestionan sus pretensiones de tener un estatus especial, ¡cuidado con las ulteriores demostraciones de rabia! Todos aquellos que «huelan» su infatuación y la cuestionen serán embestidos con despiadados ataques verbales y, en ocasiones, físicos. Estos ataques contra los demás tienen como objetivo evitar que se reconozca su cobardía subyacente y su profunda inseguridad.

Los hombres que todavía están bajo la influencia de este aspecto negativo del héroe no son jugadores de equipo, son solitarios. Individuos que se creen peces gordos: determinados ejecutivos júnior, vendedores, revolucionarios, corredores de bolsa con actitudes manipuladoras o soldados que asumen riesgos innecesarios en combate y que, si llegasen a ostentar una posición de liderazgo, exigirían lo mismo de sus hombres. De Vietnam, por ejemplo, han surgido muchas historias sobre los «heroicos» jóvenes oficiales que luchaban por ascender y que a menudo exigían a sus tropas que arriesgaran la vida con actos de valentía. Algunos de estos oficiales sucumbieron o quedaron mutilados por causa de sus envanecidas actitudes heroicas.

Otro ejemplo es el personaje interpretado por Tom Cruise en la película *Top Gun:*[*] un joven y motivado piloto de caza que no escuchaba a nadie, que tenía algo que demostrar a los demás; un fanfarrón, que, aunque creativo, exponía a su copiloto y a su avión a peligrosas situaciones de riesgo. Todo ello generaba una reacción unánime de rechazo y disgusto entre sus compañeros de profesión. Incluso su mejor amigo, que lo quería y le profesaba lealtad, tuvo que hacerle frente por el daño que se causaba a sí mismo y al equipo.

La película es en realidad una historia que narra el proceso de transformación de un niño en hombre. El

---

[*] Scott, T. (director). (1986). *Top Gun: ídolos del aire* (película). Paramount Pictures.

personaje de Cruise pasa de la niñez a la edad adulta después de dos experiencias: la primera, la de padecer la aflicción de haber contribuido de manera accidental a la muerte de su amigo y copiloto en una maniobra aérea; la segunda, la experiencia de perder la competición como mejor piloto o *Top Gun* en beneficio de su más maduro compañero, Iceman. La diferencia entre el héroe y el guerrero maduro es precisamente la diferencia entre el personaje encarnado por Cruise y Iceman.

El hombre poseído por el polo abusador fanfarrón del héroe sombrío tiene una percepción infatuada de su propia importancia y habilidades. Un ejecutivo de una corporación nos contó recientemente que a veces debe decirles cara a cara a los jóvenes héroes de su compañía: «Son ustedes buenos, pero no son tan buenos como creen. Algún día lo serán, pero ahora no».

El héroe parte del siguiente razonamiento: él es invulnerable, solamente él puede aspirar al «sueño imposible», «luchar contra el enemigo imbatible» y vencer. Sin embargo, si el sueño es realmente imposible y el enemigo de veras imbatible, entonces el héroe tiene problemas.

De hecho, esto lo vemos a menudo. La sensación de invulnerabilidad, una manifestación del abusador fanfarrón y de las pretensiones divinas de todas estas formas de energía masculina inmaduras, deja al hombre a merced de la sombra del héroe, expuesto al peligro de su propia desaparición. Al final se disparará a sí mismo en el pie. El heroico general Patton, inmensamente imaginativo, creativo e inspirador para sus tropas, en ocasiones se saboteó a sí mismo con su toma de riesgos, su inmadura competición con el general británico Montgomery y sus comentarios perspicaces a la vez que puerilmente descarados. En lugar de serle asignada una misión acorde con su genuino talento (encabezar la invasión aliada de Europa, por ejemplo) fue marginado precisamente por ser un héroe y no enteramente un guerrero.

De igual manera que ocurre con los demás arquetipos masculinos inmaduros, el héroe está excesivamente ligado a la madre. Pero el héroe tiene la necesidad imperiosa de superarla. Está enzarzado en un combate mortal con lo femenino, se esfuerza por conquistarlo y afirmar su masculinidad. En las leyendas medievales sobre héroes y damiselas, rara vez se nos cuenta qué ocurre una vez que el héroe mata al dragón y se casa con la princesa. No nos cuentan lo que aconteció en su matrimonio, puesto que, como arquetipo, el héroe no sabe qué hacer con la princesa una vez que la ha conquistado. Ignora cómo proceder cuando las cosas vuelven a la normalidad.

La perdición del héroe es su incapacidad para reconocer sus limitaciones. Un niño o un hombre sometido al poder del héroe sombrío es incapaz de admitir que es un ser mortal. Su especialidad es la negación de la muerte, la última limitación de la vida humana.

Al hilo de este último punto podríamos reflexionar por un momento acerca de la naturaleza heroica de nuestra cultura occidental. Su principal actividad parece ser, como se dice en diversas ocasiones, la «conquista» de la naturaleza, su uso y manipulación. La contaminación y la catástrofe medioambiental son los castigos cada vez más evidentes de un proyecto tan atrevido e inmaduro. La medicina se basa en el supuesto, generalmente tácito, de que es posible eliminar la enfermedad y, en última instancia, la propia muerte. Nuestra visión moderna del mundo tiene serias dificultades para enfrentarse a las limitaciones humanas.

Cuando no afrontamos nuestras verdaderas limitaciones, nos envanecemos, y, tarde o temprano, nuestra infatuación tendrá que rendir cuentas.

◆ *El cobarde*

El niño poseído por el cobarde —el otro polo de la sombra bipolar del héroe— muestra una extrema reticencia a defenderse en enfrentamientos físicos. Normalmente huirá de una pelea y su excusa quizá sea que es más «varonil» alejarse, pero ninguna excusa impedirá que se sienta desgraciado. Sin embargo, no solo evitará las peleas físicas, también tenderá a dejarse intimidar emocional e intelectualmente. En caso de que alguien se muestre exigente o intimidatorio con él, el niño bajo el influjo del cobarde, incapaz de sentirse heroico, cederá. La presión ajena lo doblegará fácilmente; se sentirá invadido y pisoteado como un felpudo. No obstante, cuando alcance su umbral de tolerancia, el orgullo oculto del abusador fanfarrón que habita en su interior estallará y lanzará un ataque verbal y/o físico sobre su «enemigo», un ataque para el que el otro no estará en absoluto preparado.

Una vez descritos los aspectos negativos o sombríos del abusador fanfarrón tenemos que preguntarnos por qué el héroe está presente en nuestra psique. ¿Por qué forma parte de nuestra historia personal de desarrollo como hombres? ¿A qué adaptación evolutiva sirve?

La tarea del héroe es movilizar las delicadas estructuras del ego del niño para permitirle romper con la madre al final de la infancia y enfrentarse a las difíciles tareas que la vida comienza a asignarle. Las energías del héroe recurren a las reservas masculinas del niño, que se refinarán a medida que madure para de este modo establecer su independencia y su competencia, a fin de que pueda experimentar sus propias capacidades en ciernes, se atreva a «explorar sus límites» y se ponga a prueba frente a las complejas fuerzas —hostiles, en ocasiones— del mundo. El héroe le permite establecer una cabecera de playa contra el poder abrumador del inconsciente (gran parte del cual, al menos para los hombres, se experimenta como femenino, como madre). Asimismo, le permite empezar a reafirmarse y a definirse como diferente de todos los demás, para que, finalmente, como ser distinto, pueda relacionarse con ellos de forma plena y creativa.

El héroe lanza al niño contra los límites, contra lo aparentemente irresoluble. Lo anima a soñar el sueño imposible que, después de todo, podría ser posible si tiene el valor suficiente. Lo empodera para luchar contra ese enemigo imbatible al que podría llegar a derrotar siempre que no esté *poseído* por el propio héroe.

Una vez más, nuestra postura es que, con demasiada frecuencia, los terapeutas —por no hablar de familiares, amigos, compañeros de trabajo y personas en puestos de autoridad— atacan, con conocimiento de causa o sin él, el «brillo» del héroe en los hombres. La nuestra no es una época que demande héroes. La nuestra es una época de envidia, en la que la pereza y la egolatría son la norma. Cualquiera que intente brillar, que se atreva a sobresalir por encima de la multitud, es arrastrado de nuevo hacia abajo por sus deslucidos y autoproclamados «semejantes».

Necesitamos que tenga lugar un gran renacimiento de lo heroico en este, nuestro mundo. Cada sector de la sociedad humana, en cualquier parte del planeta, parece deslizarse hacia un caos inconsciente. Solo la conciencia heroica —en el ejercicio de todo su potencial— podrá detener este deslizamiento hacia el olvido. Solamente un renacimiento masivo del coraje, tanto en hombres como en mujeres, rescatará nuestro mundo. Contra todo pronóstico, el héroe toma su espada y carga hacia el corazón del abismo, hacia la boca del dragón, hacia el castillo encantado por un hechizo maligno.

¿Cuál es el final del héroe? Casi universalmente, tanto en la leyenda como en el mito, «muere», se transforma en un dios y es trasladado al cielo. Recordemos la historia de la resurrección y ascensión de Jesús, la desaparición final de Edipo en un destello de luz en Colono o el ascenso de Elías a través del cielo en un carro de fuego.

La «muerte» del héroe es la «muerte» de la infancia, de la psicología del niño. Y es el nacimiento de la hombría y de la psicología del hombre. La «muerte» del héroe en la vida de un niño (o de un hombre) realmente significa que por fin ha encontrado sus limitaciones. Se ha topado con el enemigo, y este no es otro que él mismo. Ha conocido su propio lado oscuro, el *menos* heroico. Ha combatido con el dragón y ha sido abrasado por él. Ha luchado en la revolución y bebido el poso de su propia inhumanidad. Ha vencido a la madre y se ha dado cuenta de su incapacidad para amar a la princesa. La «muerte» del héroe señala el encuentro de un niño o un hombre con la verdadera humildad, el final de su conciencia heroica.

Creemos que la verdadera humildad consiste en dos cosas: la primera es conocer nuestras limitaciones; la segunda es obtener la ayuda que necesitamos.

Si estamos poseídos por el héroe, caeremos bajo el aspecto negativo de esta energía y viviremos —como hizo el personaje de Tom Cruise— según el proceder y el sentir envanecidos del abusador fanfarrón. Pasaremos por encima de los demás con nuestra insensibilidad y arrogancia y finalmente nos autodestruiremos, ridiculizados y expulsados por los demás. Si nos encontramos en el polo pasivo de la sombra bipolar del héroe —esto es, poseídos por el cobarde—, careceremos de motivación para lograr algo significativo para la vida humana. No obstante, si accedemos adecuadamente a la energía del héroe, nos empujaremos hacia nuestros límites; nos aventuraremos hasta las fronteras de lo que podemos ser como niños y, desde allí, si logramos hacer la transición, estaremos preparados para nuestra iniciación en la adultez.

4

LA PSICOLOGÍA
DEL HOMBRE

A l ser humano le resulta harto difícil desarrollar todo su potencial. La lucha con lo infantil que habita en nuestro interior ejerce una tremenda atracción «gravitatoria» en contra del logro de ese pleno potencial adulto. Sin embargo, debemos luchar contra la gravedad a fuerza de trabajo duro y de construir las pirámides de la niñez, primero, y de la adultez, después, que constituyen las estructuras centrales de nuestros sí-mismos masculinos. Los antiguos mayas rara vez destruían las estructuras pertenecientes al pasado de sus ciudades. Al igual que ellos, no queremos demoler las pirámides de la niñez, ya que fueron y seguirán siendo generadoras de energía y puertas de acceso a los recursos energéticos de nuestro pasado primordial. Pero tenemos que ponernos manos a la obra para colocar hileras de piedra sobre esas viejas terrazas y escaleras. Debemos construir, ladrillo a ladrillo, en dirección a la meta de la masculinidad madura, hasta que por fin podamos encimarnos sobre la alta plataforma y otear nuestro reino como «el Señor de las cuatro regiones».*

Hay una serie de técnicas que podemos utilizar en este proyecto de construcción, a saber: el análisis de los sueños, la reentrada y la modificación de estos, la imaginación activa (en la que el ego, entre otras cosas, dialoga con los patrones de energía internos, lo que le permite diferenciarse de ellos... y acceder a ellos), la psicoterapia en sus diversas formas, la meditación sobre los aspectos positivos de los arquetipos, la oración, el proceso ritual mágico guiado por un líder espiritual o las múltiples formas de disciplina espiritual. Todas estas técnicas –y otras muchas– son importantes para el difícil proceso de convertir a los niños en hombres.

Las cuatro formas principales de las energías masculinas maduras que hemos identificado son el rey, el guerrero, el mago y el amante. Todas ellas se solapan y, en el mejor de los casos, se enriquecen mutuamente. Un buen rey es siempre también un guerrero, un mago y un amante. Lo mismo puede decirse de los otros tres.

---

* N. del T.: Los autores se refieren aquí al rey mesopotámico Sargón de Acad (c. 2270 a. C. – 2215 a. C.), también conocido como *Lord of the Four Quarters* ('Señor de las cuatro regiones').

Las energías del niño también se solapan y se moldean mutuamente, como ya hemos visto. El niño divino da lugar de manera natural al niño edípico.

Juntos forman el núcleo de lo que será bello, enérgico, afín, cálido, cariñoso y espiritual en el hombre. El ego del niño necesita la percepción del niño precoz para ayudarlo a distinguirse de estas energías. Y los tres dan lugar al héroe, que los libera de la dominación del inconsciente «femenino» y establece la identidad del chico como individuo separado. El héroe prepara al niño para convertirse en hombre.

Los arquetipos son entidades misteriosas o fluencias de energía. Han sido comparados con un imán bajo una hoja de papel. Al espolvorear limaduras de hierro sobre el papel, estas inmediatamente se agrupan formando patrones a lo largo de las líneas de fuerza magnética. Podemos observar los patrones formados por dichas limaduras, pero no podemos ver la fuerza magnética en sí, solo el correlato material —los patrones— de su existencia. Lo mismo sucede con los arquetipos. Si bien permanecen ocultos, experimentamos sus efectos: en el arte, en la poesía, en la música, en la religión, en nuestros descubrimientos científicos, en nuestros patrones de comportamiento, pensamiento y sentimiento. Todos los productos de la creatividad y de la interacción humanas son como limaduras de hierro. Podemos ver algo de las formas y patrones de los arquetipos a través de estas manifestaciones. En cambio, nunca podremos ver las «energías» en sí mismas. Se solapan e interpenetran, pero pueden distinguirse unas de otras a efectos aclaratorios. A través de la imaginación activa pueden mezclarse de nuevo, lo cual nos permite alcanzar el equilibrio deseado en medio de las influencias que ejercen en nuestras vidas.

Jean Shinoda Bolen ha propuesto algo de suma utilidad: que pensemos en este proceso, que desenredemos y aislemos los arquetipos para luego remezclarlos y combinarlos, como en una junta directiva bien coordinada. En ella, el presidente pide a cada uno de los miembros que exponga su opinión de forma honesta y abierta sobre los temas que han de ser discutidos. Un buen presidente siempre espera la aportación completa y razonada de cada una de las personas que componen la junta. Algunas opiniones serán impopulares; otras, en apariencia, directamente estúpidas. Habitualmente, algunos miembros de la junta parecerán despreciables y destructivos; otros, en muchas ocasiones, aportarán ideas brillantes. A menudo se toman en cuenta los consejos de estos últimos, aunque a veces sean los miembros disgustados y negativos los que dicen la verdad. Cuando todas las opiniones han sido escuchadas y los temas discutidos en profundidad, el presidente llama a votación y se toma una decisión. Muchas veces, es él mismo quien debe emitir el voto decisivo.

Nuestros egos son como el presidente. Y los miembros de la junta son los arquetipos que nos habitan. Cada uno de ellos necesita ser escuchado, valerse por sí mismo y aportar su contribución. Pero es la persona en su totalidad la que, supervisada por el ego, necesita tomar las decisiones finales en nuestras vidas.

Antes hemos comentado que la psicología del hombre quizá siempre haya sido una rareza en nuestro planeta. Hoy en día ciertamente lo es. Las horribles circunstancias físicas y psicológicas en las que la mayoría de los seres humanos ha vivido, en la mayor parte de los lugares y a lo largo de la historia, son impactantes. Los entornos hostiles siempre conducen al atrofiamiento, la torsión y la mutación de un organismo. El *porqué* de que esto deba ser así es la materia de la que se componen la filosofía y la teología. Permitámonos admitir la enorme dificultad de nuestra situación, pues únicamente cuando nos permitimos ver la gravedad de cualquier problema y reconocer a qué nos enfrentamos podemos empezar a tomar las medidas adecuadas, medidas que mejorarán nuestra vida y la de los demás.

Hay un dicho en psicología que afirma que debemos responsabilizarnos de aquello de lo que no somos responsables. Esto significa que no somos responsables (como no lo es ningún niño) de lo que nos ocurrió para atrofiarnos y estancarnos en nuestros primeros años, cuando se formó nuestra personalidad y nos quedamos atrapados en niveles inmaduros de masculinidad. Sin embargo, no nos sirve de nada unirnos al coro de los delincuentes de *West Side Story* en su diatriba contra la sociedad si dejamos las cosas tal y como están.

La nuestra es una época más psicológica que institucional. Lo que antes hacían por nosotros a través de estructuras institucionales y procesos rituales, ahora tenemos que hacerlo en nuestro interior, por nosotros mismos. Nuestra cultura es más individual que colectiva.

Nuestra civilización occidental nos empuja a ir por nuestra cuenta, a «individuarnos» unos de otros, como decía Jung. Lo que antes era más o menos inconscientemente compartido por todos —como el proceso de desarrollo de una identidad masculina madura— ahora no lo es, por lo que debemos conectarnos con ello consciente e individualmente. Esta es la tarea que nos disponemos a realizar ahora.

SEGUNDA PARTE

La descodificación de la
psique masculina: los
cuatro arquetipos de la
masculinidad madura

5

EL REY

La energía del rey es esencial en todos los hombres. Tiene la misma relación con los otros potenciales masculinos maduros que el niño divino con las otras tres energías masculinas inmaduras. La del rey es la primera en importancia, y subyace e incluye al resto de los arquetipos en perfecto equilibrio. El rey bueno y generativo es también un buen guerrero, un mago positivo y un gran amante. Sin embargo, en la mayoría de nosotros, el rey aparece en último lugar. Podríamos decir que el rey es el niño divino, pero curtido, sofisticado, sabio y, en cierto sentido, tan *desinteresado* como el niño divino está cósmicamente *ensimismado*. El buen rey posee «la sabiduría de Salomón».

Mientras que el niño divino, especialmente en su aspecto de tirano de la trona, tiene pretensiones infantiles de ser Dios, el arquetipo del rey se acerca a ser Dios en su forma masculina dentro de cada hombre. Él es el hombre primordial, el Adán, lo que los filósofos llaman *anthropos* en cada uno de nosotros. Los hindúes denominan a esta masculinidad primordial en el hombre *atman*; los judíos y los cristianos la llaman *imago dei*, la 'imagen de Dios'. Freud se refiere al rey como el «padre primigenio de la horda primigenia». Y, en muchos sentidos, la energía del rey es la energía del padre. No obstante, según nuestra experiencia, aunque el rey subyace al arquetipo del padre, el primero es más extenso y más básico que el segundo.

A lo largo de la historia, los reyes siempre han sido sagrados. Como hombres mortales han sido relativamente poco importantes. En este caso es la realeza o la propia energía del rey lo que ha sido relevante. Todos conocemos el famoso grito pronunciado cuando un rey muere y otro espera acceder al trono: «El rey ha muerto; ¡larga vida al rey!». El hombre mortal que encarna la energía del rey o la porta durante un tiempo al servicio de los demás seres humanos, al servicio del reino (de las dimensiones que sea), al servicio del cosmos, es casi una pieza intercambiable, un mero vehículo humano de este ordenamiento y de este arquetipo generativo en el mundo y en la vida de los seres humanos.

Sir James Frazer y otros antropólogos observaron que los reyes del mundo antiguo solían ser asesinados ritualmente cuando su capacidad para vivir el arquetipo del rey comenzaba a declinar. Lo importante era que el poder generativo de esta energía no estuviera ligado al destino de un mortal envejecido y cada vez más impotente. Con el surgimiento del nuevo rey, esta energía volvía a encarnarse, y el rey como arquetipo se renovaba en las vidas de los habitantes del reino. De hecho, el mundo entero se renovaba.

Este patrón —asesinar ritualmente y revivir— es el que se oculta tras la historia cristiana de la muerte y la resurrección de Cristo, el Rey Salvador. El peligro para los hombres que son *poseídos* por esta energía es que ellos también cumplirán el antiguo patrón y morirán prematuramente.

En el capítulo tres dijimos que la «muerte» de los arquetipos de la infancia y especialmente del héroe daba paso al nacimiento del hombre, que el fin de la psicología del niño es el comienzo de la psicología del hombre. ¿Qué ocurre pues cuando el héroe —el muchacho— es «asesinado»?

El sueño de un joven que estaba justo en la cúspide de su transición de la niñez a la madurez ilustra este momento de la muerte del héroe y muestra qué forma podría adoptar, finalmente, su nueva madurez masculina. Muestra la llegada de la energía del rey, que no se materializará en su plenitud hasta pasados muchos años. El sueño es el siguiente:

Soy un soldado de fortuna en tiempos de la antigua China imperial. He creado muchos problemas y causado daño a mucha gente para perturbar el orden del imperio en mi propio beneficio y provecho. Soy una especie de forajido, una suerte de mercenario.

Los soldados del ejército chino –hombres del emperador– me persiguen a través de un bosque periférico. Todos vamos vestidos con una especie de armadura de escamas; portamos arcos y flechas y probablemente espadas. Corro por el bosque y veo un agujero en el suelo: la entrada a una cueva, así que me meto en ella para esconderme. Una vez que me hallo en su interior, veo que la cueva es un largo túnel y continúo a la carrera por él. Los soldados del ejército chino me ven entrar en ella y también corren detrás de mí.

Llegado al final del túnel, veo a lo lejos una luz azul pálido que desciende desde la superficie, desde lo que probablemente sea una abertura en la roca. Al acercarme veo que la luz se proyecta sobre una cámara subterránea y que en ella hay un jardín muy verde. En mitad del jardín está el mismísimo emperador chino con sus elaborados ropajes rojos y dorados. No tengo adónde ir. El ejército me cierra el paso por detrás y me veo obligado a permanecer en presencia del emperador.

No puedo hacer otra cosa que arrodillarme ante él, someterme. Siento una gran humildad, como si una etapa de mi vida hubiera terminado. Me mira con una compasión paternal. No está enfadado conmigo en absoluto. Tengo la impresión de que lo ha visto todo, lo ha vivido todo; todas las aventuras de la vida: pobreza, riqueza, guerras, intrigas palaciegas, traiciones propias y ajenas, sufrimiento y alegría... toda posible peripecia. Y es por causa de esta veterana sabiduría, muy antigua, muy experimentada, por lo que ahora me trata con compasión. Me dice con mucha amabilidad: «Tienes que morir. Serás ejecutado en tres horas». Sé que tiene razón; hay un vínculo entre nosotros. Es como si él hubiera estado antes en mi situación; sabe de estas cosas. Con una gran sensación de paz e incluso de felicidad, me someto a mi destino.

En este sueño vemos cómo el ego del niño heroico —en la forma del soldado de fortuna— halla por fin sus límites y se encuentra con su destino necesario en presencia del rey. Lo que le ocurre al muchacho es que entabla una relación apropiada con el rey primigenio que lleva dentro y se reconcilia con el «padre», como dice Joseph Campbell.

El reputado psicoterapeuta John W. Perry descubrió el poder curativo del rey al reorganizar la personalidad en los sueños y visiones de pacientes esquizofrénicos. En los episodios psicóticos y en otros estados mentales liminares, las imágenes del rey sagrado surgían de las profundidades del inconsciente de sus pacientes. En su libro sobre este tema, *Roots of Renewal in Myth and Madness* [Las raíces de la renovación en el mito y la locura],[*] describe a un joven paciente que no paraba de dibujar columnas griegas y

---

[*] Perry, J. W. (1976). *Roots of Renewal in Myth and Madness*. Jossey-Bass Inc. Publishers.

luego las asociaba con una figura a la que llamaba «el rey blanco». Otro informe relata la visión que un paciente tenía de la «reina del mar» y de una gran boda en la que él mismo era la reina del mar esposada por el gran rey y cómo el papa intervenía de repente para salvarlo.

Perry descubrió que lo que describían sus pacientes eran imágenes correlativas a las que aparecían en los antiguos mitos y rituales sobre los reyes sagrados. Observó que estos pacientes experimentaban mejoría a medida que entraban en contacto con estas energías del rey. Había algo en él —en la antigüedad y en los sueños y visiones de sus sufridos pacientes— que era inmensamente organizador, ordenador y creativamente curativo. Perry observó en sus visiones las antiguas batallas míticas de los grandes reyes contra las fuerzas del caos y los ataques de los demonios, seguidas de la gloriosa entronización de estos reyes victoriosos en el centro del mundo. Se dio cuenta de que el rey es, de hecho, lo que él llama «el arquetipo central» en torno al cual se organiza el resto de la psique. En esos momentos en los que sus pacientes presentaban «niveles de conciencia reducidos» era cuando se derribaban las barreras entre sus identidades conscientes y el poderoso mundo del inconsciente, cuando surgían imágenes creativas, generativas y vivificantes del rey. La gente pasaba de la locura a una mejor salud.

Lo que ocurrió con los pacientes de Perry tiene su correlato en lo que sucedía en el sueño del joven con el emperador chino. El ego infantil se soltó, cayó en el inconsciente y se encontró con el rey. La psicología del niño desapareció y la psicología del hombre se puso en marcha y reorganizó y reestructuró la personalidad.

Las dos funciones del rey en su plenitud

Dos funciones de la energía del rey hacen posible esta transición de la psicología del niño a la psicología del hombre. La primera de ellas es la ordenación; la segunda es la provisión de fertilidad y bendición.

El rey, como dice Perry, es el «arquetipo central». Al igual que el niño divino, el buen rey está en el centro del mundo. Ocupa su trono en la montaña central o en la colina primigenia, como la llamaban los antiguos egipcios. Y desde este lugar central, toda la creación se extiende de forma geométrica hacia las fronteras mismas del reino. El «mundo» se define como aquella parte de la realidad que está organizada y ordenada por el rey. Lo que está más allá de los límites de su influencia es la no creación, el caos, lo demoníaco y el no mundo.

Esta función de la energía del rey aparece por doquier en la mitología y en interpretaciones antiguas de la historia. Conforme a lo demostrado por James Breasted y Henri Frankfort respecto a la mitología del antiguo Egipto, el mundo surgió de lo informe y del caos de un vasto océano en forma de colina central o montículo. Se produjo por decreto, merced a la «palabra» sagrada del dios padre, Ptah, dios de la sabiduría y el orden. En la Biblia, Yavé crea exactamente de la misma manera. De hecho, son las palabras las que definen nuestra realidad, nuestros mundos. Organizamos nuestras vidas y nuestros mundos mediante conceptos, a través de nuestras reflexiones sobre estos conceptos, y solo podemos articular las reflexiones por medio de palabras. En este sentido, cuando menos, las palabras construyen nuestra realidad y tornan real nuestro universo.

La colina primigenia se extendió al crearse la Tierra, y de esa ordenación central brotaron toda la vida, los dioses y diosas, los seres humanos y todos sus logros culturales. Con la llegada de los faraones, sucesores de los dioses, el mundo, definido por los reyes sagrados, se extendió en todas direcciones desde el trono de los faraones situado en la colina primigenia. De esta forma relataban los egipcios el nacimiento de su civilización.

Uno de los grandes reyes fundadores de la antigua civilización mesopotámica, Sargón de Acad, forjó un reino, construyó una civilización y se llamó a sí mismo «El Señor de las cuatro regiones». En el pensamiento antiguo, el mundo no solamente se extiende desde un núcleo central, sino que está organizado geométricamente en cuatro cuartos; es un círculo dividido por una cruz. Las pirámides egipcias —a su vez imágenes del montículo central— estaban orientadas hacia los cuatro puntos cardinales, hacia «las cuatro regiones». Los mapas antiguos se dibujaron esquemáticamente inspirados por esta idea. Y todas las antiguas civilizaciones mediterráneas, al igual que otras asiáticas, participaban de la misma visión. Incluso en la perspectiva de los nativos americanos, quienes presumiblemente no tuvieron contacto con otros continentes y civilizaciones, la visión era esa. En el libro de John Neinhardt *Alce Negro habla*,[*] el curandero siux del título se refiere al mundo como un gran «aro» dividido en dos caminos que se cruzan: un «camino rojo» y un «camino negro». La montaña central es el punto de intersección. Sobre esta montaña, el gran padre dios —la energía del rey— se pronuncia y transmite a Alce Negro una serie de revelaciones para su pueblo.

Los pueblos antiguos localizaron el centro en muchos lugares: el monte Sinaí, Jerusalén, Hierápolis, Olimpo, Roma, Tenochtitlán... Pero siempre fue el centro de un universo cuadrado, ordenado, geométrico. El núcleo de ese universo era siempre el lugar donde el rey —dios y hombre— reinaba y era la ubicación en la que sucedía la revelación divina, en la que se instituía el poder divino organizador y creador.

Lo que realmente nos interesa de esta visión de la función ordenadora de la energía del rey es que no solo aparece en los mapas antiguos, en las pinturas realizadas en la arena por los indios del desierto, en los iconos del arte budista y en los rosetones de las iglesias cristianas,

---

[*] Neinhardt, J. (2018). *Alce Negro habla*. Capitán Swing.

sino que también persiste en los sueños y pinturas de pacientes sometidos a psicoanálisis en tiempos modernos. Jung, al darse cuenta de ello, tomó prestado el nombre de tales representaciones del budismo tibetano y denominó «mandalas» a estas imágenes del centro organizador. Se dio cuenta de que, cuando los mandalas aparecían en los sueños y visiones de sus pacientes, siempre eran sanadores y proporcionaban vida. Siempre significaban renovación y, al igual que las imágenes del rey de Perry, mostraban que la personalidad se reorganizaba de un modo más centrado, se volvía más estructurada y tranquila.

Esta función de la energía del rey, a través de un rey mortal, encarna para la gente del reino este principio ordenador del mundo divino. El rey humano lo hace mediante la codificación de las leyes. Él hace las leyes o, más concretamente, las recibe de la energía del rey arquetípico y las transmite a su nación.

En el museo del Instituto Oriental de Chicago hay una reproducción a tamaño natural del gran pilar de las leyes del rey babilonio Hammurabi (1728-1686 a. C.). El «pilar» tiene la forma de un dedo índice gigante que apunta hacia arriba y dice: «¡Escuchad! ¡Esto es lo que hay! ¡Así es como van a ser las cosas!». Enclavado en la uña de este dedo gigante hay un grabado de Hammurabi de pie, absorto en un estado contemplativo mientras se rasca su larga barba y escucha al gran dios padre Shamash —el Sol, rey de los dioses—, símbolo supremo de la luz de la conciencia masculina. Shamash entrega a Hammurabi las leyes que están inscritas debajo y alrededor de los laterales del dedo. El dedo mismo es lo que los antiguos llamaban, al referirse a la voluntad de Dios, «el dedo de Dios». El grabado en el que Hammurabi recibe las leyes expresa el acontecimiento primordial o arquetípico —siempre recurrente— en el cual la energía del rey entrega a su siervo humano, el rey mortal, la llave de la paz, la calma y el orden. Este mismo acontecimiento atemporal se describe en la historia bíblica de Moisés, quien recibe la Torá de manos de Yavé en la montaña primordial, el Sinaí.

Este orden misterioso, expresado en el reino e incluso en sus palacios y templos (a menudo dispuestos como representaciones del cosmos en miniatura) y en las leyes y demás órdenes sociales humanos (costumbres, tradiciones y tabúes explícitos o tácitos), es la manifestación de las ideas ordenadoras del dios creador. En la mitología del antiguo Egipto, estas eran representadas alternativamente por el dios Ptah o la diosa Ma'at, «el orden correcto». En el pensamiento hebreo antiguo, el mismo conjunto de ideas se refleja en la figura de la sabiduría del libro bíblico de los Proverbios, o incluso en el concepto griego y luego cristiano de Cristo como *lógos*, la palabra ordenadora, generativa y creadora de la que habla el Evangelio de Juan. En el hinduismo, este «orden correcto» arquetípico se denomina *dharma*. En China se llama *tao*, el «camino».

El deber del rey mortal no es únicamente recibir y después transmitir a su pueblo este orden correcto del universo para plasmarlo en forma de sociedad, sino —lo que es aún más importante–, encarnarlo en su propia persona, vivirlo en su propia vida. La primera responsabilidad del rey mortal es vivir de acuerdo con Ma'at, el *dharma* o el *tao*. Si lo hace –continúa la mitología–, todo en el reino (es decir, la creación, el mundo) también marchará de acuerdo con el orden correcto. El reino florecerá. Si el rey no vive «en el tao», nada irá bien para su pueblo ni para el reino en su conjunto. Este languidecerá y estará listo para el estallido de una rebelión; el centro que el rey representa no se sostendrá.

Fue esto lo que sucedió en tiempos del Reino Medio de la historia del antiguo Egipto, donde hallamos al profeta Nefer-rohu, narrador de las desastrosas consecuencias –sociales y económicas– que tuvo para Egipto el gobierno de reyes ilegítimos, reyes que no vivían de acuerdo con Ma'at. (Recordemos la plaga en la tierra de Tebas que acompañó al impío reinado de Edipo). Nefer-rohu escribe:

> *Re* [otra forma del dios creador] *debe comenzar (de nuevo) los cimientos (de la Tierra)*. El país ha perecido por completo [...] El disco solar se anubló. No brillará [...] Los ríos de Egipto están vacíos [...] Malparadas en verdad están aquellas cosas buenas, aquellas albercas [donde estaban] los que limpian el pescado, rebosantes de peces y de aves. Todo lo bueno ha desaparecido [...] Enemigos se alzaron en el este y los asiáticos descendieron de Egipto... [...] Las bestias salvajes del desierto beberán en los ríos de Egipto

[...] Este país está en caos [...] Los hombres empuñarán las armas bélicas [para que] la tierra viva en confusión. Los hombres harán flechas de metal, mendigarán el pan de la sangre y reirán con la enfermedad de la risa. [...] el corazón del hombre se persigue a sí mismo. [...] El hombre se sienta *en su rincón* [*dando*] la espalda cuando un hombre mata a otro. Te mostraré al hijo por enemigo, al hermano por enemigo y al hombre matando a su padre.[*]

A continuación, Nefer-rohu profetiza que surgirá un nuevo rey que encarnará los principios del orden correcto. Este rey restaurará Egipto y ordenará el cosmos:

[Entonces] un rey vendrá, perteneciente al sur, Ameni, el triunfador, es su nombre. Es hijo de una mujer del país de Nubia; ha nacido en el Alto Egipto. Tomará la Corona [Blanca]; se pondrá la Corona Roja; unirá a las Dos Poderosas; satisfará a los Dos Señores con aquello que deseen. El rodeador-de-los-campos [estará] en su puño, el remo... ¡Alégrate, pueblo de su tiempo! El hijo de un hombre establecerá su fama para siempre y eternamente. Los que se inclinan al mal y los que maquinan rebelión bajaron sus voces por miedo a él. Los asiáticos caerán bajo su espada y los libios a su llama. [...] Se habrá construido la Muralla del Gobernante —¡vida, prosperidad, salud!— y a los asiáticos no se permitirá que desciendan a

---

[*] Pritchard, J. B. (1966). *La sabiduría del Antiguo Oriente: antología de textos e ilustraciones* (pp. 300-302). Garriga.

Egipto [...] Y la justicia ocupará su lugar y el mal obrar es *expulsado*. ¡Alégrese aquel que contemple [esto].*

De la misma manera, los emperadores chinos gobernaron por «mandato del cielo». El cielo significa aquí, de nuevo, el «orden correcto». Y, de no vivir de acuerdo con la voluntad del cielo, se produciría una rebelión legítima y se establecería una nueva dinastía. «El rey ha muerto; ¡larga vida al rey!».

En un principio, era el rey mortal —bajo el influjo de la energía masculina madura del rey— quien vivía el orden en su propia vida. Su deber de imponer este orden quedaba relegado a un segundo plano. Y cumplió con ambas cosas tanto en su reino como en las afueras de él, en el punto de contacto entre la creación y el caos periférico. Aquí vemos al rey en su faceta de guerrero, pues extiende y defiende el orden en pugna con los «asiáticos» y los «libios».

Históricamente, el rey mortal hizo esto como servidor y encarnación terrenal del arquetipo del rey. Mantuvo el orden en el mundo espiritual o el mundo profundo y atemporal del inconsciente. Para ilustrar este punto disponemos de las historias del dios babilónico Marduk en pugna con las fuerzas del caos en forma del dragón Tiamat. Una vez que fue aniquilado el dragón y derrotado su ejército de demonios, se creó el mundo ordenado a partir de su cadáver. También está la historia del cananeo

---

* *Ibid.*, pp. 303-304.

Baal, quien aniquiló a los monstruos gemelos del caos y la muerte, Yamm y Mot. Igualmente observamos esta función de la energía del rey en los llamados salmos de entronización de la Biblia, en los que Yavé (el dios hebreo Jehová) derrota al dragón Behemoth (o Tehom) y seguidamente asciende a su trono para crear y ordenar el mundo.

En un ámbito más cercano como es el de las familias disfuncionales modernas, podemos distinguir que, cuando hay un padre inmaduro, débil o ausente y la energía del rey no está suficientemente presente, la familia se sume en el caos y el desorden.

Junto a la función ordenadora, el segundo bien fundamental que manifiesta la energía del rey es el de la fertilidad y la bendición. Los pueblos antiguos siempre asociaron la fertilidad —en los seres humanos, las cosechas, los rebaños y el mundo natural en general— con el ordenamiento creativo de las cosas que llevaban a cabo los dioses. Parece que en tiempos prepatriarcales la Tierra era vista como la fuente primaria de fertilidad, como madre, pero, a medida que las culturas patriarcales ganaron terreno, el énfasis de lo femenino como fuente de fertilidad se desplazó hacia lo masculino. No se trató de un simple cambio, y el énfasis nunca se desplazó por completo. Los mitos antiguos, fieles a la biología, identificaban la unión del hombre y la mujer como lo verdaderamente generativo, al menos en el plano físico. En el plano cultural, no obstante, en la creación de la civilización y la tecnología y en el dominio del mundo natural, las energías generativas masculinas eran más prominentes.

En la antigüedad, el rey sagrado se convirtió para muchos pueblos en la expresión primaria de la fuerza vital —la libido— del cosmos. Actualmente, nuestro Dios judío, cristiano y musulmán nunca se concibe en asociación creativa con una diosa. Se considera masculino y es la única fuente de creatividad y capacidad generativa, de fertilidad y bendición. Muchas de nuestras creencias modernas provienen de las creencias de los antiguos patriarcados.

La función del rey sagrado de proporcionar fertilidad y bendición aparece en muchos mitos y en las historias de grandes reyes. En el mundo espiritual, los grandes dioses padres mantienen fecundas relaciones sexuales con diosas, deidades menores y mujeres mortales. El egipcio Amón-Ra tenía su harén en el cielo, y las hazañas de Zeus son bien conocidas.

Sin embargo, la capacidad fecundadora de la energía del rey arquetípico no solo se demostraba a través de los actos sexuales que producían hijos divinos y humanos. Esta capacidad generativa era también el resultado de su orden creativo *per se*. Un ejemplo de ello fue el dios cananeo Baal, que después de derrotar al dragón del mar caótico y debido a su amor por la Tierra, ordenó las aguas caóticas en lluvias, ríos y arroyos. Este acto de ordenación hizo posible que, por primera vez, se desarrollasen las plantas y, después, los animales. Asimismo, posibilitó la proliferación de la agricultura y la ganadería en favor de los seres humanos, sus beneficiarios especiales.

En el egipcio *Himno a Atón* (el Sol), fue el propio Atón quien ordenó el mundo para que prosperara y fuera fértil. Emplazó el Nilo en Egipto para que los pájaros pudieran levantarse de sus nidos en los juncos y cantasen alegremente por la vida que él les había concedido, para que los rebaños pudieran crecer y los terneros agitar sus colas como muestra de alegría y felicidad. Atón puso un «Nilo en el cielo» para otros pueblos, para que ellos también pudieran experimentar la abundancia de la vida. Y ordenó el mundo de tal manera que todas las razas y todas las lenguas tuvieran la bendición de la vida y gozaran de fecundidad, cada una a su manera, según él lo designara.

En la misma medida en que el rey mortal progresaba, así sucedía con el reino, tanto en lo concerniente a su orden como a su fertilidad. Si el rey era lujurioso y demostraba vigor sexual, entonces podía complacer a sus a menudo numerosas esposas y concubinas y tener mucha descendencia, lo cual se reflejaba en la fertilidad de las tierras. Si se mantenía tanto sano y fuerte físicamente como alerta y vivo mentalmente, las cosechas crecerían, el ganado se reproduciría, los comerciantes prosperarían y sus gentes gozarían de una amplia descendencia. Llegarían las lluvias y cada año en Egipto tendrían lugar las inundaciones fertilizadoras del Nilo.

En la Biblia encontramos la misma idea expresada en las historias de los reyes y patriarcas hebreos. Yavé exigía dos cosas a sus súbditos: la primera, que siguieran los caminos marcados por Él (el equivalente hebreo de estar en el tao); la segunda, que «fueran fecundos y se multiplicaran», que tuvieran muchas esposas y muchos hijos. En el caso de los patriarcas Abraham, Isaac y Jacob, si una esposa no podía dar a luz, ella misma se encargaba de encontrar a otra esposa o concubina para su marido, de modo que este pudiera continuar con su función fertilizante.

El rey David tuvo abundante descendencia gracias a las muchas mujeres que desposó en su reino. La clave residía en que a medida que estos hombres prosperaban física y psicológicamente, también lo hacían sus tribus y sus reinos. De acuerdo con la mitología, el rey mortal era la encarnación de la energía del rey arquetípico. La tierra —su reino— era la encarnación de las energías femeninas. De hecho, estaba simbólicamente casado con ella.

El más importante acto ordenador/generativo del rey consistía siempre en casarse con la tierra, que adoptaba la forma de su reina primaria. Solo la asociación creativa con ella podía asegurar toda clase de dones para su reino. El matrimonio real tenía el deber de transmitir su energía creativa al reino en forma de descendencia. El reino reflejaría la capacidad generativa real, que, recordemos, estaba ubicada en el centro. Tal como fuese el núcleo central, así sería el resto de la creación.

Cuando un rey enfermaba, se debilitaba o se volvía impotente, el reino languidecía: no llegaban las lluvias, no se podía cosechar la tierra, el ganado no se reproducía, la actividad comercial de los mercaderes cesaba, la sequía arruinaba el terreno y el pueblo perecía.

Así que el rey era el conducto terrenal que unía el mundo divino –el mundo de la energía del rey– con este. El mediador entre lo mortal y lo divino, como Hammurabi ante Shamash.

Podríamos decir que era como la arteria central que permitía que la sangre de la fuerza vital fluyera hacia el mundo terreno. Como él estaba en el centro, en cierto sentido todo en el reino le pertenecía (ya que el propio reino le debía su existencia): las cosechas, el ganado, la gente, las mujeres... Sin embargo, eso era en teoría, pues el rey mortal David violó este principio en su relación con la bella Betsabé. Esto enlaza con el tema del rey sombrío, que trataremos más adelante.

No fue solo la fertilidad en un sentido físico inmediato o la creatividad y la capacidad generativa en un sentido general lo que surgió de la segunda función de la energía del rey a través de la eficacia de los reyes antiguos, también fue la bendición. La bendición es un acontecimiento psicológico o espiritual. El buen rey siempre reconocía y reforzaba a quienes lo merecían: lo hacía, literalmente, con sus propios ojos, pues celebraba audiencias con ellos en su palacio; y, en el apartado psicológico, lo hacía mediante la atención que les dedicaba, pues llegaba a conocerlos y apreciar su verdadera valía. Asimismo, este buen rey se deleitaba en el reconocimiento y promoción de estos hombres buenos, a quienes procuraba puestos de responsabilidad en su reino. Celebraba audiencias no para ser visto (aunque esto era importante en la medida en que era portador de la energía interior del rey proyectada por el propio pueblo), sino para observar, admirar y deleitarse con sus súbditos, para recompensarlos y para concederles honores.

Hay una hermosa pintura del antiguo Egipto en la que el faraón Akenatón aparece de pie en su balcón real, espléndidamente abrazado por los rayos de su dios padre, Atón —el Sol—, mientras lanza anillos de oro a sus mejores súbditos, aquellos hombres más competentes y leales. Merced a la luz proyectada por la conciencia solar masculina, él reconoce a sus hombres. No solamente los reconoce: ejerce su capacidad generativa con ellos. Les concede su bendición. Ser bendecidos tiene enormes consecuencias psicológicas para nosotros, no en vano existen estudios que demuestran que nuestro cuerpo presenta alteraciones químicas cuando nos sentimos valorados, alabados y bendecidos.

Los jóvenes de hoy en día están deseosos de recibir la bendición de sus mayores, de contar con la bendición de la energía del rey. Esta es la razón por la que no pueden, como decimos, «centrarse», y no debería ser así. Necesitan ser bendecidos. Necesitan ser vistos por el rey, porque, si lo son, algo en su interior establecerá una unión entre ellos. Ese es el efecto de la bendición: cura y completa. Eso es lo que ocurre cuando somos reconocidos, valorados y recompensados de forma concreta (con oro concedido por el faraón, tal vez) por nuestros legítimos talentos y habilidades.

Por supuesto, muchos reyes antiguos —al igual que muchos hombres pertenecientes a la realeza hoy en día— estaban muy lejos de la imagen ideal del buen rey. Sin embargo, este arquetipo central vive independientemente de cualquiera de nosotros y busca, a través de nosotros, entrar en nuestras vidas con el objeto de consolidar, crear y bendecir.

¿Cuáles son las características del buen rey? En consonancia con los antiguos mitos y leyendas, ¿cuáles son las cualidades de esta energía masculina madura?

El arquetipo del rey en su plenitud posee las cualidades del orden, del establecimiento de pautas justas y racionales, y de la inclusión y la integridad en la psique masculina. Estabiliza las emociones caóticas y los comportamientos fuera de control de la misma manera que aporta centralidad y serenidad. En su «fertilización» y centralización median la fuerza vital y la alegría. Este arquetipo aporta conservación y contrapeso: defiende nuestro sentido del orden interior, integridad y propósito. Da la tranquilidad nuclear de saber quiénes somos, de estar al corriente de nuestra esencia inatacable, de poseer la certeza de nuestra identidad masculina. Observa el mundo con firmeza pero también con bondad. Ve a los demás en toda su debilidad a la par que en todo su talento y valía. Los honra y los promociona; los guía y los educa hacia su propia plenitud existencial. No es envidioso, pues está seguro —como el rey— de su propio valor. Recompensa y fomenta la creatividad en nosotros y en los demás.

En la integración —a su núcleo central— y expresión del guerrero, el arquetipo del rey representa la potencia agresiva cuando es necesaria, cuando el orden es amenazado. También tiene el poder de la autoridad interior. Sabe y discierne (su aspecto de mago) y actúa a partir de este profundo conocimiento. Se deleita con nosotros y con los demás (su aspecto de amante), y muestra este deleite con palabras de auténtico elogio y acciones concretas que mejoran nuestras vidas.

Esta es la energía que se expresa a través de un hombre cuando toma las medidas financieras y psicológicas necesarias para que su mujer y sus hijos prosperen. Esta es la energía que anima a su mujer cuando esta decide que quiere volver a estudiar para ser abogada. La misma energía que se expresa en un padre cuando se ausenta del trabajo para asistir al recital de piano de su hijo. Esta es la energía que, a través del jefe, se enfrenta a los subordinados rebeldes sin despedirlos. La que se expresa en el encargado de una cadena de montaje cuando es capaz de trabajar con alcohólicos y drogadictos en recuperación para alentar su sobriedad y guiarlos por el fomento de su empoderamiento masculino y de su formación.

Esta es la energía que se expresa a través de ti cuando eres capaz de mantener la calma en una reunión mientras los demás asistentes están perdiendo la suya. Se trata de la voz de la calma y la tranquilidad; la palabra alentadora en tiempos de caos y lucha; la decisión firme que, tras una cuidadosa deliberación, desafía el desorden en la familia, en el trabajo, en la nación y en el mundo. Es la energía que busca la paz y la estabilidad, el crecimiento ordenado y el cuidado de todas las personas tanto como el del medioambiente: el cuidado del mundo natural. El rey cuida de todo el reino y es el administrador de la naturaleza y de la sociedad.

Esta es la energía —manifestada en los mitos antiguos— del «pastor del pueblo», del «jardinero» de las plantas y del cuidador de los animales del reino. La voz que afirma con claridad, serenidad y autoridad los derechos de todos nosotros, seres humanos. Esta es la energía que minimiza el castigo y maximiza la alabanza. Esta es la voz del centro, la colina primigenia dentro de cada hombre.

El rey sombrío: el tirano y el débil

Si bien la mayoría de nosotros hemos experimentado parte de esta energía del hombre maduro en nuestras vidas —quizá dentro de nosotros mismos en momentos en los que nos hemos sentido muy integrados, tranquilos y centrados; o, en ocasiones, a través de alguno de nuestros bondadosos padres, tíos, abuelos, compañeros de trabajo, jefes, profesores o pastores eclesiásticos—, debemos confesar que en general apenas hemos experimentado la energía del rey en su plenitud. Puede que la hayamos sentido aquí y allá, pero la triste realidad es que esta energía positiva brilla por su ausencia en la vida de la mayoría de los hombres. Lo que más hemos experimentado es lo que llamamos *el rey sombrío*.

Como sucede con todos los arquetipos, el rey muestra una estructura de sombra bipolar activa y pasiva. Llamamos *tirano* al polo activo del rey sombrío, y *débil* al polo pasivo.

Podemos ver cómo actúa el tirano en la historia cristiana del nacimiento de Jesús: poco después de que se produzca, llega a los oídos del rey Herodes la llegada al mundo del niño Jesús; un mundo que él, como rey, controla. Entonces envía a sus soldados a Belén en busca del nuevo rey —la nueva vida— para matarlo. Fiel a su naturaleza de niño divino, consigue escapar a tiempo, pero los soldados de Herodes matan a todos los niños varones que quedan en la ciudad. Siempre que nazca lo nuevo, el Herodes que habita en nuestro interior (y en nuestra vida exterior) atacará. El tirano odia, teme y envidia la nueva vida, ya que siente que es una amenaza para el escaso control que posee sobre su propia realeza. El rey tirano no está ubicado en el centro y no es capaz de sentir ni su capacidad generativa ni tranquilidad alguna. No es creativo, solo destructivo. Si estuviera seguro de su propia capacidad generativa y de su propio orden interior —las estructuras de su sí-mismo—, reaccionaría con júbilo ante la noticia del nacimiento de una nueva vida en su reino. Si Herodes hubiera sido un hombre así, se habría dado cuenta de que había llegado el momento de hacerse a un lado para que el arquetipo pudiera encarnarse en el nuevo rey Jesucristo.

Otra historia bíblica, en este caso la de Saúl, trata un tema similar. Saúl es otro rey mortal que fue poseído por el tirano. Su reacción ante el recién ungido David es la misma que la de Herodes ante el nacimiento de Jesús. Saúl reacciona con miedo y rabia e intenta asesinar a David. Pese a que el profeta Samuel le ha dicho que Yavé ya no quiere que continúe en el trono —es decir, que encarne la energía del rey para el reino—, el ego de Saúl se ha identificado con el rey y se niega a renunciar. Los tiranos humanos son aquellos con acceso al trono (ya sea en el hogar, la oficina, la Casa Blanca o el Kremlin) que se identifican con la energía del rey sin darse cuenta de que no lo son.

Otro ejemplo de la antigüedad es el del emperador romano Calígula. Sus predecesores en el cargo habían ostentado un enorme poder sobre el pueblo, sobre el senado de Roma y sobre todo el mundo mediterráneo, tanto que habían sido elevados a la categoría de dioses tras su muerte. Sin embargo, Calígula abrió un nuevo camino al declararse dios mientras aún estaba vivo. Los detalles de su locura, abusos y sadismo hacia todos los que lo rodeaban son fascinantes. El libro de Robert Graves *Yo, Claudio*[*] y la serie de televisión basada en esa obra ofrecen un relato escalofriante del desarrollo del rey sombrío como tirano en la persona de Calígula.

---

[*] Graves, R. (2012). *Yo, Claudio*. Edhasa.

El tirano explota a los demás y abusa de ellos. Cuando actúa para conseguir lo que cree que le conviene, es despiadado, implacable y no demuestra tener sentimientos. La manera que tiene de degradar a los demás no conoce límites. Odia toda forma de belleza, inocencia, fuerza, talento y energía vital. Este odio procede, como hemos dicho, de su carencia de estructura interna y del miedo que le dan —terror, en realidad— la debilidad y la falta de potencia latentes en él.

El rey sombrío como tirano se manifiesta en el padre en pie de guerra contra las alegrías, las fortalezas, las capacidades y la vitalidad de sus hijos e hijas. Teme su frescura, su novedad y la fuerza vital que surge de ellos, de ahí sus intentos de aniquilación. Lo hace mediante ataques verbales abiertos y el desprecio de sus intereses, esperanzas y talentos; o bien, de manera alterativa, lo hace a través de la ignorancia de sus logros, el desentendimiento de sus decepciones y la muestra de aburrimiento y falta de interés cuando, por ejemplo, llegan a casa del colegio y le enseñan un trabajo manual o le informan de una buena nota en un examen.

Sus ataques pueden traspasar los límites del maltrato verbal o psicológico e incluir maltrato o abuso físico: los azotes pueden convertirse en palizas o producirse asimismo agresiones sexuales. El padre poseído por el tirano puede explotar sexualmente la debilidad y vulnerabilidad de sus hijos e hijas.

Una joven acudió a consulta porque tenía muchos problemas en su matrimonio. Lo que describió poco después de comenzar la terapia fue una invasión de su casa a cargo del rey tirano en este aspecto sexualmente maligno. Cuando apenas había cumplido los doce años, su padre las había abandonado a ella, a su madre y a su hermana para irse a vivir con otra mujer. El marido de esa otra mujer se había mudado con ellas. A este hombre nunca le gustó su nueva «esposa», y no tardó en darse cuenta de la belleza y vulnerabilidad de su nueva hijastra, de modo que empezó a exigirle que durmiera con él. En un principio solo le pedía que se acostara a su lado en la cama por las noches. Después empezó a exigirle que lo masturbara. Él, entonces, eyaculaba en pañuelos de papel que dejaba junto a la cama. Finalmente, la obligó a mantener relaciones sexuales bajo la amenaza de que, si no lo hacía, las abandonaría y no tendrían a quien recurrir para poder llegar a fin de mes. La madre de esta muchacha nunca hizo nada para poner fin a este horrendo abuso. Es más, por las mañanas se dedicaba a limpiar los pañuelos sucios de la noche anterior que había acumulados bajo la cama.

En la historia del rey David y Betsabé, ella era la esposa de otro hombre, Urías el hitita. Un día cualquiera, mientras paseaba por la azotea de su palacio, David vio a Betsabé bañarse. Fue tal la excitación que esta visión le produjo que la mandó llamar y la obligó a mantener relaciones sexuales con él. En teoría, recordemos, todas las mujeres del reino pertenecían al rey. Pero pertenecían al *arquetipo* del rey, no al rey mortal. David se identificó inconscientemente con la energía del rey y no solamente tomó a Betsabé, sino que mandó matar a su marido, Urías. Por suerte para el reino, David era dueño de una conciencia personificada en la figura del profeta Natán, el cual acudió a él y lo acusó. David admitió la verdad de tal acusación y se arrepintió.

El rey tirano se manifiesta en todos nosotros en algún momento, ya sea cuando nos sentimos empujados a nuestros límites, cuando estamos agotados o cuando nos infatuamos. Podemos verlo operar la mayor parte del tiempo en ciertas configuraciones de la personalidad, sobre todo en el llamado trastorno narcisista. Estos individuos realmente sienten que son el centro del universo (aunque ellos mismos no estén centrados) y que los demás existen para servirlos. En lugar de reflejar a los *demás*, buscan insaciablemente reflejarse *en* ellos. En lugar de ver a los demás, buscan ser vistos por ellos.

También podemos observar las operaciones del rey tirano en ciertos estilos de vida, incluso en determinadas «profesiones». Los capos de la droga, los proxenetas y los jefes de la mafia son todos ellos ejemplos claros. La mejora de su estatus es su razón de ser; la optimización de lo que ellos consideran su bienestar, aunque sea a expensas de los demás. Por otro lado, observamos este mismo interés egoísta en puestos que gozan de aprobación social. Un entrevistador para un puesto de trabajo debe entablar un diálogo contigo acerca de tu experiencia, tu formación, tus expectativas para contigo mismo y para con la empresa a la que aspiras servir. En cambio, se pasa toda la entrevista hablando de *sí mismo* y de *sus* logros, *su* poder, *su* salario y las virtudes de *su* empresa, y nunca te pregunta a ti.

En la actualidad, gran cantidad de empleados de la Norteamérica corporativa no muestra interés alguno por las empresas para las que trabajan. Muchos se limitan a «aguantar la marea», en busca de una salida o una promoción. Aquí encontramos a los ejecutivos que están más interesados en impulsar sus propias carreras que en ser buenos administradores de los «reinos» situados bajo su autoridad. No hay devoción ni lealtad real a la empresa, solo a sí mismos. Este es el caso del director general que negocia vender su empresa en su propio beneficio económico sin importarle su desmantelamiento ni el despido de sus amigos y empleados más leales, considerados mero exceso de equipaje en la ahora popular «compra apalancada».

El hombre poseído por el tirano es muy sensible a las críticas y, pese a que se muestre amenazador, se sentirá débil y desalentado al ser objeto de una, por mínima que esta sea. Sin embargo, no lo demostrará. Lo que presenciaremos, a menos que sepamos qué buscar, será una manifestación de furia. Detrás de la furia hay sentimientos de inutilidad, vulnerabilidad y debilidad, porque tras el tirano se esconde el otro polo del sistema bipolar sombrío del rey, el débil. Si no puede *identificarse* con la energía del rey, se siente insignificante.

La presencia oculta de este polo pasivo explica el ansia de reconocimiento —«¡Adoradme!», «¡Alabadme!», «¡Mirad lo importante que soy!»— que nos transmiten tantos superiores y amigos. Esto explica sus arrebatos de cólera y sus ataques a los que ven como débiles, es decir, aquellos sobre los que proyectan su propia figura del débil interior. El general Patton, a pesar de todas sus virtudes, evidentemente poseía un miedo latente a su propia debilidad y cobardía. En la película *Patton*,[*] esto queda patente cuando visita un hospital de campaña durante la Segunda Guerra Mundial y camina de cama en cama con la intención de felicitar a los heridos y otorgarles medallas (algo que hace el rey en su plenitud). En un momento dado, se detiene junto a la cama de un hombre que padece de «estrés postraumático». Entonces le pregunta cuál es su problema y el soldado le responde que tiene los nervios destrozados. En lugar de reaccionar con la compasión del rey alentador que sabe a lo que se enfrentan sus hombres, el general monta en cólera y lo abofetea; lo humilla llamándolo cobarde, lo insulta y a la postre lo envía de vuelta al frente. Si bien él lo ignora, lo que ha visto es el rostro de su propio miedo y debilidad ocultos proyectados en otro. Ha vislumbrado al débil que lleva dentro.

El hombre dominado por el débil carece de centro, calma y seguridad en sí mismo, y esto lo conduce a la paranoia. Notamos estos rasgos en Herodes, Saúl y Calígula

---

[*] Schaffner, F. (director). (1970). *Patton* (película). 20th Century Fox.

cuando, incapaces de dormir por la noche, recorren el palacio atormentados por el temor a la deslealtad de sus subordinados —en el caso de Saúl, incluso de sus hijos— y a la desaprobación de Dios, el verdadero rey. El hombre poseído por el rey sombrío bipolar tiene, *de hecho*, mucho que temer: sus conductas tiránicas —que a menudo incluyen la crueldad— piden a gritos una respuesta similar por parte de los demás. Nos hace gracia el dicho «solo porque estés paranoico no significa que no vayan a por ti», ya que puede que de veras vayan a por ti. Una paranoia vinculada a una actitud siempre a la defensiva y hostil del tipo «atrápalos antes de que te atrapen» destruye la propia sensación de tranquilidad y orden; arruina el carácter de uno mismo y el de los demás e invita a la represalia.

Un pastor eclesiástico se sometió a psicoterapia poco tiempo después de que se iniciara una crisis en su iglesia. Se había formado un grupo de disidentes indeseables, un conjunto de personas psicológica y espiritualmente desviadas que por envidia se habían propuesto destruir a este pastor. El líder era un tipo que oía a Dios hablarle por la noche y que había recibido instrucciones a través de un sueño en el que se le comunicaba que el pastor planeaba matarlo por estar en su contra. La paranoia es contagiosa. El paranoico instigador de este «golpe de palacio» acosó tanto a este pastor día y noche con llamadas telefónicas, cartas de odio que contenían amenazas descaradas, exabruptos en medio de los sermones y discursos en las reuniones de la iglesia en los que enumeraba los supuestos fallos del pastor que este, no consolidado en su relación con su propia energía del rey, se deslizó poco a poco bajo el poder del tirano/débil. Se volvió cada vez más tiránico y dictatorial respecto a las normas de la iglesia. Se arrogó cada vez más poder en la dirección de esta y comenzó a emplear tácticas turbias contra sus «enemigos» para expulsarlos de la congregación. Al mismo tiempo, se vio perturbado por terroríficas pesadillas que noche tras noche le revelaban sus propios miedos y debilidades latentes. La paranoia mutua dio sus frutos, y tanto el pastor como la congregación acabaron atrapados en un mundo de tretas y confusión, un mundo totalmente alejado de los valores espirituales que el pastor había tratado de enseñar con tanto amor... Otra victoria para el rey sombrío.

Enseguida podemos observar la relación existente entre este tirano y el tirano de la trona. En ambos casos subyace un patrón infantil. En cierto modo, el orgullo es normal en el niño divino. No es inapropiado que el niño divino, al igual que el niño Jesús, quiera y necesite ser adorado, incluso por los reyes. El deber de los padres es dar al niño divino que reside en su propio hijo la dosis justa de afecto y confianza —tarea difícil—, a fin de permitir a su hijo de carne y hueso descender de la «trona» con facilidad, poco a poco: descender a un mundo real donde los dioses no pueden vivir como humanos mortales. Los padres deben ayudar a su bebé mortal a que aprenda gradualmente a no identificarse con el niño divino. El niño se opondrá a ser destronado, pero los padres deben perseverar, tanto con refuerzos positivos como «bajándole los humos» cada vez que sea necesario.

Si lo adoran demasiado y no ayudan a moldear el ego del bebé fuera del arquetipo, entonces nunca descenderá de su trona. Infatuado con el poder del tirano de la trona, sencillamente alcanzará la edad adulta con la convicción de que es el «César». Si desafiamos a una persona así y le decimos: «¡Dios mío, te crees que eres el César!», es muy probable que responda: «Sí, ¿y qué?». Este es uno de los modos en los que el rey sombrío cobra forma en los hombres.

La otra manera en la que se constituye es cuando los padres han maltratado al niño, lo cual supone un ataque a su orgullo y nobleza desde sus primeros pasos. El orgullo del niño divino/tirano de la trona se escinde y cae al inconsciente del niño para su salvaguardia. Como consecuencia, el niño sucumbirá al influjo del príncipe débil. Más tarde, cuando sea un «adulto» y funcione principalmente bajo el dominio del débil, una vez que comience a sufrir las enormes presiones del mundo adulto, su orgullo reprimido explotará y se filtrará hacia la superficie, completamente crudo y primitivo, sin modulación alguna y con gran potencia. Este es el hombre que parecía tranquilo, racional y «simpático» hasta que es ascendido y se convierte de la noche a la mañana en «una persona diferente», en un *führercito*. El hombre para el que el dicho «el poder corrompe; el poder absoluto corrompe absolutamente» es una ciencia exacta.

El acceso al rey

La primera tarea para acceder a la energía del rey que debemos llevar a cabo los aspirantes a «reyes» de carne y hueso es disociar nuestros egos de ella. Debemos alcanzar lo que los psicólogos llaman *distancia cognitiva* entre nosotros y el rey, tanto en su plenitud integrada como en sus formas de sombra bipolar divididas. La verdadera grandeza en la vida adulta, en contraposición a la infatuación y el orgullo, implica identificar adecuadamente nuestra relación con esta y con las otras energías masculinas maduras. Esa relación adecuada es comparable a la de un planeta con la estrella alrededor de la cual orbita. El planeta no es el centro del sistema estelar, la estrella lo es. La tarea del planeta es mantener la distancia orbital adecuada de la estrella generativa —pero también potencialmente mortífera— con objeto de mejorar su propia vida y bienestar. El planeta obtiene su vida de la estrella, por lo que ella representa para él un objeto de «adoración» que se encuentra más allá de sus propios límites. O, en otros términos, el ego del hombre maduro necesita pensar en sí mismo —sin importar el estatus o poder que haya alcanzado temporalmente— como el sirviente de una causa o voluntad más allá de sus límites («transpersonal»). Necesita pensar en sí mismo como un administrador de la energía del rey, no en beneficio propio, sino en beneficio de aquellos que habitan en su «reino», cualquiera que este sea.

Hay dos maneras de ver la diferencia entre los polos «activo» y «pasivo» en el sistema de sombra bipolar de los arquetipos. Como ya hemos visto, una forma es considerar las estructuras arquetípicas como triangulares o tríos. La otra forma es hablar de la identificación o disociación del ego con el arquetipo en su plenitud. En el caso de la identificación, el resultado es la infatuación del ego, acompañada del estancamiento en niveles infantiles de desarrollo. En el caso de disociación extrema, el ego se siente privado de acceso al arquetipo. En realidad, se encuentra atrapado en el polo pasivo de la sombra disfuncional del rey. El ego está hambriento de la energía del rey. Esta sensación de privación y de no gozar de la «propiedad» de las fuentes y motores del poder es siempre característica de los polos pasivos de los arquetipos.

El rey sombrío como tirano surge cuando el ego se identifica con la energía del rey. Por ello, según esta perspectiva, no tiene compromiso transpersonal o más allá de sus propios límites. Él es su propia prioridad. Puesto que el ego de un hombre no ha sido capaz de mantener su órbita adecuada, ha caído presa del sol del arquetipo, es decir, se ha acercado tanto que ha extraído –como vemos en los sistemas de estrellas dobles– enormes cantidades de gases prendidos y se ha infatuado con ellos. Toda la psique se desestabiliza, el planeta cree ser una estrella. El verdadero centro del sistema se pierde. Esto es lo que llamamos el «síndrome de usurpación». El ego usurpa el lugar y el poder del rey. Esta es la rebelión contra el cielo descrita en tantos mitos, cuando un dios advenedizo intenta destronar al dios supremo. (Recordemos el mito que narra el intento por parte de Satanás de derrocar a Dios).

El otro problema que plantea el acceso a esta energía surge cuando sentimos que hemos perdido por completo el contacto con el rey generativo. En este caso, caeremos en la categoría del llamado trastorno de personalidad dependiente, una condición en la que proyectamos la energía del rey interior (que sin embargo no experimentamos como dentro de nosotros) en alguna otra persona. Y sin la presencia ni la atención amorosa de esta otra persona que es portadora de nuestra proyección de la energía del rey nos sentimos impotentes, incapaces de actuar, intranquilos e inestables. Esto sucede en las familias cuando los maridos tienen en demasiada consideración los estados de ánimo de sus esposas y temen tomar la iniciativa a causa de la ira que puedan desatar en ellas sus acciones. Ocurre también con los hijos cuyos padres no les permiten desarrollar una independencia capaz de generar sus propios gustos, de elegir qué camino tomar en el futuro o de seleccionar qué metas desean alcanzar; de ser capaces, en definitiva, de emprender el vuelo por sí mismos en vez de permanecer bajo su protección.

En nuestro ámbito laboral, esto ocurre cuando nos volvemos demasiado dependientes del poder y los caprichos del jefe o cuando no nos atrevemos a estornudar cerca de nuestros compañeros de trabajo. A escala nacional, sucede cuando el pueblo se infravalora por su condición campesina o iletrada y deposita toda su energía interior del rey en *der führer*. Este «síndrome de abdicación», sello distintivo del débil, es tan desastroso como el síndrome de usurpación.

Un ejemplo de las terribles consecuencias del síndrome de abdicación a gran escala es un incidente que ocurrió en la llanura de Otumba, cerca de la actual Ciudad de México, durante la conquista de México a cargo de Hernán Cortés. Cortés y sus hombres habían huido de Tenochtitlán (Ciudad de México) en plena noche, seis días antes y bajo el ataque en tromba de los ejércitos mexicanos. Al amanecer del séptimo día, las tropas —exhaustas y temerosas— del ejército de Cortés otearon la llanura de Otumba y vieron una gran cantidad de guerreros mexicanos prestos para atacar. La perdición de los españoles parecía segura. Sin embargo, en la ulterior contienda, Cortés divisó el estandarte del líder mexicano. Desesperado y a sabiendas de que sus vidas dependían de ello, Cortés cargó hacia delante y abrió un corredor jalonado a uno y otro lado por las víctimas del ejército enemigo. Cuando por fin alcanzó al líder mexicano, lo mató de un solo golpe. Inmediatamente, ante el asombro de los españoles, los mexicanos entraron en pánico y huyeron del campo de batalla. Los españoles los persiguieron y masacraron a muchos de ellos. Los guerreros mexicanos habían visto morir a su líder, y eso fue lo que cambió tan milagrosamente el rumbo de la batalla. Habían concentrado en ese hombre todo el poder de la energía del rey y, cuando lo mataron, creyeron que esa energía arquetípica los había abandonado. Su desempoderamiento latente emergió con la muerte de su líder, y se rindieron a la impotencia y al caos. Si los guerreros mexicanos se hubieran dado cuenta de que la energía del rey estaba en ellos, México nunca habría sido conquistado.

Cuando no estamos en contacto con nuestro rey interior y cedemos el poder de nuestras vidas a otros, podemos provocar una catástrofe a una escala superior a la personal. Aquellos a quienes hacemos nuestros reyes pueden conducirnos a batallas perdidas, a situaciones de abusos o malos tratos en el seno de nuestras familias, a asesinatos en masa o a horrores como los de la Alemania nazi o los de Jonestown. O simplemente nos pueden dejar abandonados a la suerte de nuestra propia debilidad latente.

No obstante, en el momento en que logremos acceder correctamente a la energía del rey cual servidores de nuestro rey interior, manifestaremos en nuestras propias carnes las cualidades del rey bueno y legítimo, el rey en su plenitud. Nuestros soldados de fortuna caerán convenientemente de rodillas ante el emperador chino interior. Notaremos que nuestro nivel de ansiedad desciende. Nos sentiremos centrados y tranquilos, y escucharemos las palabras de nuestra autoridad interior. Desarrollaremos la capacidad de proyectar y de bendecir tanto a los demás como a nosotros mismos, así como la de cuidar de otros profunda y genuinamente. «Reconoceremos» a los demás. Los contemplaremos como las personas plenas que realmente son. Tendremos la sensación de ser participantes centrados y activos en la creación de un mundo más justo, tranquilo y creativo. Disfrutaremos de una devoción transpersonal no solo por nuestras familias, amigos, empresas, causas y religiones, sino también por el mundo. Profesaremos algún tipo de espiritualidad y conoceremos la verdad del mandamiento central en torno al cual parece girar toda la vida humana: «Amarás al Señor tu Dios [léase, «al Rey»] con todo tu corazón, con toda tu alma y con todas tus fuerzas. Y a tu prójimo como a ti mismo».

6

EL GUERRERO

Vivimos tiempos en los que la gente se siente incómoda con la forma guerrera de la energía masculina, y tienen buenas razones para que así sea. Las mujeres se sienten especialmente incómodas con ella, pues a menudo han sido las víctimas más directas de la forma sombría de dicha energía. A nivel planetario, la guerra en nuestro siglo* ha alcanzado proporciones tan monstruosas y omnipresentes que la energía agresiva se mira con profunda sospecha y temor. En Occidente, esta es la era del «hombre blando», una época en la que las feministas radicales alzan sus voces hostiles contra la energía del guerrero. Los co mités de las iglesias liberales retiran de sus repertorios himnos «belicosos» como *Onward, Christian Soldiers*** y *The Battle Hymn of the Republic*.***

---

* N. del T.: Recordemos que este libro se publicó originalmente en 1990.

** N. del T.: Himno inglés escrito por Sabine Baring-Gould en 1865 y cuya música fue compuesta por Arthur Sullivan en 1871.

*** N. del T.: Himno escrito por la autora estadounidense Julia Ward Howe en 1861. Para llevar a cabo su escritura, Howe empleó la música de la marcha titulada *John Brown's Body*.

Sin embargo, resulta interesante observar que aquellos que desean cortar de raíz la agresividad masculina lo hacen con tanto celo que ellos mismos sucumben al poder de este arquetipo. No podemos someter a voto la expulsión del guerrero. Al igual que el resto de los arquetipos, sigue vivo a pesar de nuestras actitudes conscientes hacia él. Y, de igual modo que todos los arquetipos *reprimidos*, se oculta bajo la superficie para resurgir en forma de violencia emocional y física, cual volcán que ha permanecido dormido durante siglos mientras la presión en la cámara magmática aumentaba gradualmente. Si el guerrero es una forma de energía instintiva, entonces está aquí para quedarse. Y merece la pena enfrentarse a él.

Jane Goodall, que convivió durante años con grupos de chimpancés en África (humanos y chimpancés tenemos en común el noventa y ocho por ciento de la secuencia básica del ADN), en un principio informó de que se trataba de unos animales básicamente cariñosos, pacíficos y de buena voluntad. Este informe fue un gran éxito en los años sesenta, cuando millones de personas en Occidente buscaban entender por qué la guerra es un pasatiempo humano en apariencia tan atractivo y cómo encontrar una forma alternativa de resolver disputas a gran escala. No obstante, unos años después de su informe inicial, Goodall publicó nuevas pruebas que indicaban que había más de lo que había pensado en un principio. Descubrió guerras, infanticidios, abusos infantiles, secuestros, robos y asesinatos entre sus «pacíficos» chimpancés. Robert

Ardrey —en dos polémicos libros, *Génesis en África*[*] y *The Territorial Imperative* [El imperativo territorial] [**]— afirmó sin rodeos que los seres humanos se rigen por instintos, los mismos instintos que gobiernan los sentimientos y los comportamientos de otros animales, entre ellos nada más y nada menos que el de lucha.

Además, los estudios más actuales en el campo de la etología de los primates sostienen que toda la gama de comportamientos humanos está presente en nuestros parientes primates más cercanos, o al menos un esbozo.

¿A qué se debe este fenómeno de ejecutivos y vendedores de seguros que se van al bosque los fines de semana a jugar a la guerra, a esconderse entre los árboles y organizar asaltos con pistolas de pintura, a practicar técnicas de supervivencia, a simular situaciones peligrosas o rayanas en el peligro de muerte, a trazar estrategias, a «matarse» unos a otros? ¿Cuál es la energía oculta detrás de las pandillas urbanas organizadas según las jerarquías paramilitares? ¿Cuál es la causa de la popularidad de Rambo, de Arnold Schwarzenegger, de películas bélicas como *Apocalypse Now*,[***] *Platoon*,[****] *La chaqueta metálica*[*****] y muchas otras?

---

[*]   Ardrey, R. (1969). *Génesis en África*. Editorial Hispano Europea.

[**] Ardrey, R. (2007). *The Territorial Imperative*. Cambridge University Press.

[***] Coppola, F. F. (director). (1979). *Apocalyse Now* (película). Omni Zoetrope.

[****] Stone, O. (director). (1986). *Platoon* (película). Orion Pictures; Hemdale Film Corporation.

[*****] Kubrick, S. (director). (1987). *Full Metal Jacket* (*La chaqueta metálica*) [película]. Natant; Hawk Films.

Podemos deplorar la violencia exhibida en estas películas tanto como la que muestran nuestras pantallas de televisión, pero, obviamente, el guerrero continúa muy vivo dentro de nosotros.

Tan solo tenemos que echar un vistazo a la historia de nuestra especie, una historia que se ha definido en gran parte por la guerra. Vemos las grandes tradiciones guerreras en casi todas las civilizaciones. En el siglo XX, el planeta entero se ha convulsionado por dos guerras mundiales. Una tercera y última, a pesar del reciente deshielo Este-Oeste, pende aún sobre nuestras cabezas. Algo está pasando. Algunos psicólogos consideran que la agresividad humana surge de la rabia infantil, la reacción natural del niño a lo que Alice Miller ha llamado «pedagogía venenosa», esto es, el maltrato a gran escala a niños y niñas recién nacidos.

Creemos que hay mucho de cierto en este punto de vista, especialmente a la luz de la prevalencia de lo que llamaremos *el guerrero sombrío*. Aun así, consideramos que el guerrero no debe identificarse a la ligera con la rabia humana, sino todo lo contrario. Asimismo, creemos que esta forma de energía principalmente masculina (también existen mitos y tradiciones de guerreras) persiste porque el guerrero es un elemento básico de la psicología masculina, casi totalmente arraigado en nuestros genes.

Cuando examinamos detenidamente las tradiciones del guerrero, podemos observar lo que han *conseguido* a lo largo de la historia. Por ejemplo, los antiguos egipcios

fueron durante siglos un pueblo muy pacífico y esencialmente amable. Se encontraban a salvo de cualquier enemigo potencial en su aislado valle del Nilo. Estos enemigos
eran mantenidos a raya por dos accidentes geográficos: las
dunas del desierto circundante y el mar Mediterráneo al
norte. Los egipcios fueron capaces de construir una sociedad extraordinariamente estable. Creían en la armonía
de todas las cosas, en un cosmos ordenado por Ma'at. No
obstante, hacia el año 1800 a. C. fueron invadidos a través
del delta del Nilo por bandas de feroces tribus semitas, los
hicsos. Estos guerreros hicsos disponían de caballos y ca-
rros, que en aquella época eran eficientes y devastadoras
máquinas de guerra. Los egipcios, poco acostumbrados a
semejante agresividad, no opusieron resistencia. Los hicsos se hicieron con el control de la mayor parte de Egipto
y lo gobernaron con mano de hierro.

En el siglo XVI a. C., los ahora aguerridos egipcios
finalmente contraatacaron. En el sur surgieron nuevos
faraones que unieron su energía nativa del rey con una
nueva energía: la del guerrero. Marcharon entonces hacia
el norte con una ferocidad tremenda. Tanto fue así que,
después de aplastar a los poderosos hicsos y recuperar
Egipto, continuaron con su avance hacia el interior de
Palestina y otros lugares de Asia y construyeron un gran
imperio. En el proceso difundieron la civilización egipcia —su arte, su religión y sus ideas— por una zona inmensa. Con su conquista, los grandes faraones Tutmosis III y
Ramsés II no solamente se afianzaron en Egipto de nuevo,

sino que llevaron lo mejor de la cultura egipcia a un mundo más amplio. Gracias a su descubrimiento del guerrero interior, la moral, la ética y la religión egipcias pasaron a formar parte de nuestros códigos éticos y espirituales occidentales, a saber, conceptos fundamentales como el juicio después de la muerte o el paraíso más allá de la tumba en el que las almas justas se unirían a Dios. Algo similar ocurrió con las civilizaciones de Mesopotamia, ya que estas también transmitieron importantes conocimientos e ideas a las civilizaciones futuras mediante la potenciación energética del guerrero.

La clase guerrera de los chatrias conquistó y estabilizó el subcontinente indio para llegar a establecer las condiciones que propiciaron que la India se convirtiera en el centro espiritual del mundo. Los reyes guerreros zoroástricos de Persia —primos norteños de los chatrias— difundieron la religión de Zoroastro por todo Oriente Próximo. Esta religión tuvo un profundo impacto en el surgimiento del judaísmo y el cristianismo modernos, así como en la cosmovisión básica y en muchos de los valores que explican e incluso moldean nuestro mundo moderno posreligioso. Ahora sabemos que las enseñanzas de Zoroastro se extienden —con algunas modificaciones formales— por todo el planeta a través de la civilización occidental y gozan de influencia hasta en los pueblos y la moral de territorios tan alejados como los mares del Sur.

Los hebreos bíblicos fueron originalmente un pueblo guerrero seguidor de un Dios guerrero, el de las escrituras hebreas: Yavé. Bajo el reinado del rey guerrero David se consolidaron los beneficios de esta nueva religión, incluido su avanzado código ético basado en las virtudes del guerrero. A través del cristianismo, que se inspiró en gran medida en su herencia hebrea, muchas de estas ideas y valores fueron finalmente portados por las clases guerreras europeas a todos los rincones del mundo.

Los emperadores-guerreros romanos, como el erudito filósofo y moralista Marco Aurelio (que gobernó entre lo años 161 y 180 d. C.), preservaron la civilización mediterránea el tiempo suficiente para que las tribus germánicas se semicivilizaran antes de que finalmente consiguieran invadir el imperio y reescribir toda la historia de Occidente, la cual a partir del siglo XV se ha convertido progresivamente en la historia del mundo.

No debemos olvidarnos del grupo de espartanos —los guerreros griegos por excelencia— que en las Termópilas, en el 480 a. C., frustraron la invasión persa de Europa y salvaron los incipientes ideales democráticos europeos.

En Norteamérica, los nativos vivieron y murieron con la energía del guerrero como cualidad característica de todos sus actos, incluso los más leves. Por un lado, vivieron sus vidas con nobleza, valor y la capacidad de tolerar grandes dolores y penurias; por otro, defendieron a su pueblo contra un enemigo abrumador (el hombre blanco invasor) y se lanzaron a la batalla al grito de: «¡Hoy es un buen día para morir!».

Quizá sea necesario mirar con ojos imparciales a los grandes guerreros del siglo xx, entre ellos los generales Patton y MacArthur, grandes estrategas, hombres de gran valor entregados a causas más grandes que su propia supervivencia personal. Así como también podría ser necesario revaluar la gran tradición samurái japonesa y a los hombres ascéticos, disciplinados y totalmente leales que construyeron la nación de Japón, aquellos que aseguraron la supervivencia de su cultura y que hoy conquistan el planeta vestidos con sus trajes de negocios.

Así pues, la energía del guerrero, sea lo que fuere, está en efecto universalmente presente en nosotros, hombres, y en las civilizaciones que creamos, defendemos y difundimos. Es un ingrediente fundamental en nuestra construcción del mundo y desempeña un papel importante en la difusión de los beneficios de las más elevadas virtudes y logros culturales a toda la humanidad.

No es menos cierto que esta energía del guerrero a menudo se desvía. Cuando esto ocurre, los resultados son devastadores. Pero debemos preguntarnos por qué está tan presente en nosotros. ¿Cuál es la función del guerrero en la evolución de la vida humana y cuál es su propósito en la psique de cada hombre? ¿Cuáles son las cualidades positivas del guerrero? ¿Y cómo pueden ayudarnos a los hombres en nuestra vida personal y en nuestro trabajo?

El guerrero en su plenitud

Las características del guerrero en su plenitud constituyen un modo de vida total, lo que los samuráis llamaban *do*. Estas características constituyen el *dharma*, Ma'at o el tao del guerrero, un camino espiritual o psicológico para recorrer la vida.

Ya hemos mencionado la agresividad como una de las características del guerrero. La agresividad es una actitud estimulante, energizante y motivadora ante la vida. Nos empuja a adoptar un perfil ofensivo, a abandonar una actitud defensiva o de «espera» ante las tareas y los problemas que se presentan en la vida. El consejo de los samuráis era siempre «lanzarse» a la batalla con todo el potencial del *ki* o «energía vital» del que se disponga. La tradición guerrera japonesa afirmaba que solo hay una postura para afrontar la batalla de la vida: frontalmente. Asimismo, indicaba una única dirección: hacia delante.

En la famosa escena inicial de *Patton*, el general, con todo sus pertrechos de combate y sus revólveres de empuñadura perlada al cinto, da un discurso motivacional a su ejército. Patton advierte a sus tropas que no le interesa que mantengan su posición en la batalla. Afirma: «No quiero recibir ningún mensaje que diga que mantengamos nuestra posición [...] Nosotros avanzamos constantemente [...] No nos aferramos a nada, ¡excepto al enemigo! Vamos a agarrarlo por la nariz ¡y vamos a darle una patada en el culo! Vamos a propinarle una soberana paliza y vamos a atravesar sus líneas como quien espeta un pollo para asarlo». La agresividad adecuada, en las circunstancias apropiadas —circunstancias estratégicamente ventajosas para el objetivo que se persigue—, supone ya la mitad de la victoria en la batalla.

¿Cómo sabe el hombre que accede al guerrero cuál es la agresividad adecuada en esas circunstancias? Lo sabe gracias a la claridad de ideas, por medio del discernimiento. El guerrero está siempre alerta, siempre despierto. Nunca va dormido por la vida: sabe cómo enfocar su mente y su cuerpo; está «atento», como decían los samuráis. Según la tradición nativa norteamericana, es un «cazador». De acuerdo con la afirmación de Don Juan, el guerrero hechicero indio yaqui de *Viaje a Ixtlán*, de Carlos Castaneda,[*] un guerrero sabe lo que quiere y cómo conseguirlo. Su claridad mental lo convierte en un experto en táctica y estrategia. Puede evaluar sus circunstancias con precisión y así adaptarse a la situación *in situ*, como se dice en latín.

Un ejemplo de ello es el fenómeno de la guerra de guerrillas, una tradición antigua pero cada vez más utilizada desde el siglo XVIII. Los colonos rebeldes adoptaron esta técnica en la guerra de la Independencia estadounidense. Los comunistas en China y más tarde en Vietnam —dirigidos por el maestro estratega Ho Chi Minh— la utilizaron con asombroso éxito para neutralizar las operaciones

---

[*] Castaneda, C. (2018). *Viaje a Ixtlán*. Fondo de Cultura Económica.

militares más dificultosas de sus enemigos. Más recientemente, los combatientes de la resistencia afgana emplea-
ron esta estrategia para expulsar al ejército soviético de
su país. El guerrero sabe cuándo tiene la fuerza requerida
para derrotar a su adversario por medios convencionales
y cuándo debe adoptar una estrategia no convencional.
Evalúa con precisión su propia fuerza y habilidad. Si considera que el asalto frontal no funcionará, entonces desvía su ataque, detecta la debilidad del flanco enemigo y se
«lanza» a la batalla. He aquí una diferencia entre el guerrero y el héroe. Como hemos señalado anteriormente,
el hombre (o el niño) que accede al héroe no conoce sus
limitaciones; es un romántico de su invulnerabilidad. No
así el guerrero, quien, gracias a su claridad de ideas, evalúa de forma realista sus capacidades y sus limitaciones en
cualquier situación dada.

En el relato bíblico del rey David, este, enfrentado a
la fuerza superior de los ejércitos de Saúl, en un principio
evitó la confrontación directa con sus tropas y propició de
ese modo que Saúl se desgastara en su persecución. David
y su grupo de desharrapados eran guerrilleros que vivían
de la tierra y se movían con rapidez. David supo evaluar
con claridad su situación: huyó del reino de Saúl y acudió
al rey filisteo. Desde esa posición, disponía de la fuerza de
miles de soldados filisteos para respaldarlo, una posición
que lo habilitaba para dar jaque mate a Saúl. A continuación, de nuevo gracias a su acertada evaluación de la situación en ese momento, David volvió a entrar en el reino de

Saúl, reunió a sus propias tropas y esperó al colapso de su rival. A veces, la máxima «¡adelante, siempre adelante!» significa cambiar de táctica, una flexibilidad estratégica fruto de una evaluación muy aguda.

La esgrima moderna utiliza este tipo de flexibilidad. El esgrimista no solo entrena su cuerpo, sino también su mente. Aprende a pensar con la rapidez de un rayo, a buscar los puntos desprotegidos en las posturas y embestidas de su adversario. Entonces bloquea, ataca y consigue que sus estocadas suban al marcador. Un joven universitario afirmó que, tras iniciarse en el arte de la esgrima, mejoró su rendimiento en clase, pues adquirió varias habilidades: la de reconocer velozmente los temas principales de una conferencia compleja, la de evaluar los puntos débiles de los argumentos que servían de sustento y la de rebatir afirmaciones con una agudeza y una confianza en sí mismo que nunca antes había conocido. De esta manera, obligaba a sus profesores y compañeros a entrar en razón o retirar sus argumentos. Solo entonces supo qué era aquello que deseaba aprender y cómo conseguir hacerlo.

Todas las tradiciones guerreras afirman que, además del entrenamiento, lo que permite a un guerrero alcanzar la claridad de ideas es vivir con la conciencia de su propia muerte inminente. El guerrero conoce la brevedad y la fragilidad de la vida. Un hombre guiado por el guerrero sabe cuán pocos son sus días. En lugar de deprimirlo, esta conciencia lo guía hasta alcanzar una intensidad en la experimentación de su vida y una efusión desconocidas para los demás. Cada acto cuenta. Cada acto se realiza como si fuera el último. A los espadachines samuráis se les enseñaba a vivir su vida como si ya estuvieran muertos. El Don Juan de Castaneda enseñaba que «no hay tiempo» para nada que no sean actos con sentido si vivimos con la muerte como «nuestra eterna compañera».

No hay tiempo para vacilaciones. Este sentido de la inminencia de la muerte vigoriza al hombre que accede a la energía del guerrero para emprender acciones decisivas. Esto significa que se compromete con la vida. Nunca abandona. Tampoco «piensa demasiado», porque pensar demasiado puede llevar a la duda, y la duda a la vacilación, y la vacilación a la inacción. La inacción puede llevar a perder la batalla. El hombre que es un guerrero evita lo que solemos definir como autoconciencia. Sus acciones se convierten en actos reflejos, actos reflejos inconscientes. Pero son acciones para las que se ha entrenado mediante el ejercicio de una enorme autodisciplina. Así es como se llega a ser marine. Un buen marine es aquel que puede tomar decisiones en una fracción de segundo y actuar de manera resolutiva. Además de agresividad, claridad de ideas y conciencia de la propia mortalidad, actuar resolutivamente ante cualquier situación de la vida implica una parte de entrenamiento.

La energía del guerrero está relacionada con la habilidad, el poder, la precisión y el control (tanto interno como externo, tanto psicológico como físico). Esta energía tiene que ver con entrenar a los hombres para que lleguen a ser «todo lo que pueden ser» (en sus pensamientos, sus sentimientos, su discurso y sus actos). A diferencia de las acciones del héroe, las del guerrero nunca son exageradas, nunca son dramáticas por el simple hecho de serlo. El guerrero nunca actúa para asegurarse de que es tan potente como espera ser. Jamás gasta más energía de la absolutamente necesaria. Y no habla demasiado. El personaje de Yul Brynner en la película *Los siete magníficos*** representa un estudio del autocontrol entrenado: habla poco, se mueve con el control físico propio de un depredador, ataca solo al enemigo y domina a la perfección la técnica de su oficio. Este es otro aspecto del interés del guerrero por la habilidad: su dominio de la técnica, lo cual le permite alcanzar su objetivo. Ha desarrollado habilidad con las «armas» que utiliza para poner en práctica sus decisiones.

Su control es, en primer lugar, sobre su mente y sus actitudes; si estas son correctas, el cuerpo las seguirá. Un hombre que accede al arquetipo del guerrero tiene «una actitud mental positiva», como se dice en los cursos de formación de vendedores. Esto significa que tiene un espíritu inconquistable, que posee un gran coraje, que es intrépido, que asume la responsabilidad de sus actos y que tiene autodisciplina. *Autodisciplina* significa que tiene el rigor para desarrollar el control y el dominio sobre su mente y su cuerpo, y que tiene la capacidad de soportar el

---

* Sturges, J. (director). (1960) *The Magnificent Seven* (*Los siete magníficos*) (película). The Mirisch Company; Alpha Productions.

dolor, tanto psicológico como físico. Está dispuesto a sufrir para conseguir lo que se propone. «El éxito depende del esfuerzo». Tanto si eres literalmente un cazador —agazapado durante horas en la misma posición en la fría madrugada del Kalahari y a la espera de que tu presa se ponga a tiro—, un futuro triatleta, un estudiante de medicina, un ejecutivo que soporta las críticas sin fundamento de los miembros de su junta directiva o un marido que intenta resolver sus problemas conyugales, sabes que la disciplina de tu mente y quizá también de tu cuerpo es esencial.

Asimismo, la energía del guerrero muestra lo que podemos llamar un compromiso transpersonal. Su lealtad es hacia algo —una causa, un dios, un pueblo, una tarea, una nación— más grande que el mero individuo, aunque esa lealtad transpersonal pueda estar enfocada a través de algún individuo importante, como un rey. En las historias artúricas, Lancelot, aunque ferozmente devoto de Arturo y Ginebra, está comprometido en última instancia con el ideal de caballería, con el dios que está detrás de las causas nobles, con «el uso del poder y la fuerza en favor de la justicia» y con la rebelión de los oprimidos. Por supuesto, debido a su amor por Ginebra, Lancelot actúa involuntariamente en contra de la entidad que se beneficia de su compromiso transpersonal, Camelot. Pero lo hace porque ha encontrado la meta paradójicamente personal y transpersonal del amor romántico. Para ese entonces, ya ha perdido su acceso a la energía del guerrero y ha dejado de ser un caballero.

Este compromiso transpersonal revela otras características de la energía del guerrero. En un principio, relativiza todas las relaciones personales, es decir, las hace menos centrales que el compromiso transpersonal. Así, la psique del hombre que accede adecuadamente al guerrero se organiza en torno a su compromiso central. Este compromiso elimina gran parte de las mezquindades humanas. Vivir a la luz de ideales elevados y realidades espirituales como Dios, la democracia, el comunismo, la libertad o cualquier otro compromiso transpersonal digno altera de tal modo el enfoque de la vida de un hombre que las disputas mezquinas y las preocupaciones personales del ego dejan de tener importancia.

Conviene ahora sacar a colación una historia sobre un samurái servidor de la familia de un gran señor. Este había sido asesinado por un hombre de una familia rival, por lo que el samurái había jurado vengar la muerte de su señor. Después de rastrear al asesino durante algún tiempo, después de grandes sacrificios y penurias personales y tras afrontar muchos peligros, el samurái dio con él. Desenvainó su espada para matar al hombre, pero en ese instante el asesino le escupió en la cara. El samurái dio un paso atrás, envainó su espada, se dio la vuelta y se alejó. ¿Por qué?

Se alejó por el enfado que le causó el escupitajo. En ese momento habría matado al asesino por su propia ira, no por su compromiso con el ideal que representaba su señor. Su ejecución del hombre habría satisfecho su ego y sus sentimientos, no al guerrero interior. Por eso, para ser fiel a su vocación guerrera, tuvo que alejarse y dejar vivir al asesino.

La lealtad del guerrero y su sentido del deber son hacia algo que está más allá de sí mismo y de sus propias preocupaciones. La lealtad del héroe, como hemos visto, es realmente hacia sí mismo, hacia conseguir impresionarse *a sí mismo* y a los demás. En este sentido, el hombre que accede al guerrero es un asceta. No vive para satisfacer sus necesidades y deseos personales o sus apetitos físicos, sino para perfeccionarse y convertirse en una eficiente máquina espiritual, entrenada para soportar lo insoportable al servicio del objetivo transpersonal. Todos estamos familiarizados con las leyendas de los fundadores de dos de las grandes religiones, el cristianismo y el budismo. Jesús tuvo que resistir las tentaciones de Satanás en el desierto y Buda tuvo que soportar sus tres tentaciones bajo el árbol de Bodhi. Estos hombres eran guerreros espirituales.

Los guerreros espirituales abundan en la historia de la humanidad. La religión islámica está enteramente construida sobre los cimientos de la energía del guerrero. Mahoma fue un guerrero. Hasta hoy, sus seguidores recurren a la energía guerrera para librar la yihad contra los poderes del mal, tal y como ellos los definen. Aunque lo llamen «el Misericordioso» y «el Compasivo», el dios del islam es un dios guerrero.

Vemos esta misma energía guerrera manifestada en la orden jesuita cristiana, que durante siglos enseñó la abnegación en aras de llevar el mensaje de Dios a las zonas más hostiles y peligrosas del mundo. El hombre guerrero se entrega a su causa, a su dios, a su civilización... incluso hasta la muerte.

Esta devoción por el ideal o meta transpersonal —aun hasta la aniquilación personal— lleva al hombre a otra de las características del guerrero: será alguien emocionalmente distante mientras ambos estén vinculados. Esto no significa que el hombre que accede al guerrero en su plenitud sea cruel, sino que la toma y aplicación de sus decisiones no se debe a una relación emocional con nadie ni con nada, excepto con su ideal. Como dice Don Juan, es alguien «indisponible» o «inaccesible». Según sus palabras: «Ser inaccesible significa que apenas toca el mundo que lo rodea», que lo hace con desapego emocional. Esta actitud también forma parte de la claridad de ideas del guerrero: examina sus tareas, sus decisiones y sus acciones de forma desapasionada y sin emociones. El entrenamiento de los samuráis incluía el siguiente tipo de ejercicio psicológico: siempre que estés asustado o desesperado, según rezan las enseñanzas, evita decir «tengo miedo» o «estoy desesperado»; di «hay alguien que tiene miedo» o «hay alguien que está desesperado, luego ¿qué puede hacer al respecto?». Esta forma desapegada de vivir una situación amenazadora objetiva la situación y permite una visión de esta más clara y estratégicamente ventajosa. Por consiguiente, el guerrero será capaz de actuar teniendo menos en cuenta sus sentimientos personales; actuará con más fuerza, rapidez y eficacia al situarse al margen.

Tal y como solemos afirmar, en la vida a menudo necesitamos «dar un paso atrás», alejarnos de una situación para ganar perspectiva y poder actuar en consecuencia. El guerrero necesita espacio para blandir su espada; necesita separarse de sus oponentes en el mundo exterior y de sus propios oponentes interiores en forma de emociones negativas. En el ring, el árbitro separa a los boxeadores cuando se acercan demasiado y recurren al agarre.

El guerrero es frecuentemente un destructor. Sin embargo, su energía positiva únicamente destruye lo que precisa ser destruido para dar cabida a algo nuevo y fresco, más vivo y virtuoso. Muchas cosas en nuestro mundo necesitan ser destruidas: la corrupción, la tiranía, la opresión, la injusticia, los sistemas de gobierno obsoletos y despóticos, las jerarquías corporativas que obstaculizan el rendimiento de una empresa, los estilos de vida vacíos, las situaciones laborales insatisfactorias y los matrimonios infelices. Y en el mismo acto de la destrucción, con asiduidad, la energía del guerrero construye nuevas civilizaciones, crea nuevas empresas comerciales, suscita nuevas iniciativas artísticas y espirituales para la humanidad o genera nuevas relaciones.

Cuando la energía del guerrero se conecta con las otras energías masculinas maduras, surge algo verdaderamente espléndido. Cuando el guerrero está conectado con el rey, el hombre que accede a estos poderes administra conscientemente el «reino», y sus acciones resolutivas, su claridad de ideas, su disciplina y su valentía son, de hecho, creativas y generativas. En este momento de la historia solo tenemos que pensar en la figura de Mijaíl Gorbachov, guerrero y rey, que lucha contra la inercia del sistema soviético, que se sitúa en el centro, que brega con lo viejo e ineficiente, que da cabida a lo nuevo y más vigoroso y que guía a su pueblo hacia una nueva era que ellos mismos no tendrían el valor de afrontar sin su liderazgo, sin su acceso a estas dos energías masculinas maduras.

La interconexión del guerrero con el arquetipo del mago es lo que permite al hombre alcanzar tal dominio y control sobre sí mismo y sus «armas», lo que le permite canalizar y dirigir el poder para lograr sus objetivos.

Su mezcla con la energía del amante proporciona al guerrero compasión y una sensación de conexión con todas las cosas. El amante es la energía masculina que devuelve al hombre la sensación de estar relacionado con los seres humanos, en toda su fragilidad y vulnerabilidad. También propicia que el hombre bajo la influencia del guerrero sea compasivo al mismo tiempo que cumple con su deber. Todo ello aparece ejemplificado en las imágenes —tan dramáticamente captadas para nosotros por la televisión— de los soldados estadounidenses en Vietnam tras el bombardeo y ametrallamiento de una aldea del Vietcong. Estas muestran cómo sostienen a los niños por las caderas para poder evacuarlos y cómo administran primeros auxilios a los enemigos heridos. Hay una escena impactante en la película *La chaqueta metálica* en la que varios soldados acorralan y hieren gravísimamente a un francotirador del Vietcong —una mujer, según se desvela más adelante— que ha abatido a varios de sus compañeros. Uno de los personajes siente compasión por quien era hasta hace un instante su enemigo. Ella se retuerce agónicamente, reza sus oraciones, se prepara para la muerte y le suplica que le dispare para acabar con su sufrimiento. El soldado se debate entre dejar que agonice lentamente o darle un tiro de gracia. Al final decide dispararle, no por ira, sino por compasión.

La alianza con el amante produce otras influencias humanitarias en la energía del guerrero. Marco Aurelio era filósofo; Winston Churchill, pintor. El artista-guerrero japonés Mishima era poeta. Incluso el general Patton era poeta; recitó una de sus elegías al general Bradly en el lugar del antiguo campo de batalla norteafricano en el que dos mil años antes los romanos habían derrotado a los cartagineses. Patton afirmó en su poema místico que había estado allí entonces y que había participado en la batalla.

Sin embargo, cuando el guerrero actúa por su cuenta, sin relación con los demás arquetipos, los resultados para el hombre mortal que consigue acceder a él —aunque sea en su vertiente positiva, la del guerrero en su plenitud— pueden ser desastrosos. Conforme a lo que ya hemos comentado, el guerrero en su forma pura es emocionalmente distante; su lealtad transpersonal relativiza radicalmente la importancia de las relaciones humanas. Esto se manifiesta en su actitud frente al sexo: no se relaciona con las mujeres, no intima con ellas, pues para él son meros vehículos de su diversión. Todos hemos oído el canto de la marcha militar que dice: «Aquí mi fusil, aquí mi pistola. Uno da tiros, la otra consuela» (Kubrick, 1987, 00:12:08). Esta actitud explica la presencia de prostitutas en torno a los campamentos militares. Asimismo explica la horrible costumbre de violar a las mujeres que habitan los territorios conquistados.

Incluso si tiene familia, la devoción del guerrero de carne y hueso hacia otros deberes distintos suele acarrearle problemas en su matrimonio. Una historia recurrente en el cine es la de la esposa del militar que se siente sola y rechazada. Basta con recordar el distanciamiento entre Gordon Cooper y su mujer Trudy en el filme *Elegidos para la gloria.*[*]

Esto mismo ocurre fuera del ejército, en las relaciones y familias de hombres cuyas profesiones exigen una gran devoción transpersonal además de largas horas de trabajo disciplinado y sacrificio. Pastores eclesiásticos, médicos, abogados, políticos y aplicados vendedores, entre otros, suelen tener vidas personales emocionalmente devastadoras. Sus novias y esposas a menudo se sienten alienadas y rechazadas; compiten sin remedio con el «verdadero amor» de su pareja: su trabajo. Además, estos

---

[*] Kaufman, P. (Director). (1983). *The Right Stuff* (*Elegidos para la gloria*) (Película). Warner Bros.

hombres, fieles a las actitudes sexuales del guerrero, frecuentemente mantienen aventuras con sus enfermeras, empleadas, recepcionistas, secretarias y otras mujeres que admiran desde una distancia segura (y a veces no tan segura) su competencia y su dedicación masculinas propias del guerrero.

El guerrero sombrío: el sádico y el masoquista

Según hemos apuntado con anterioridad, el distanciamiento propio de la energía del guerrero con respecto a las relaciones humanas conduce a problemas reales. Estos problemas se vuelven enormemente hirientes y destructivos para un hombre cuando se encuentra atrapado en la sombra bipolar del guerrero. En la película *El don del coraje**, Robert Duvall interpreta a un piloto de caza de la Marina que dirige a su familia como un cuerpo de marines en miniatura. La mayoría de sus comentarios y comportamientos hacia su mujer y sus hijos son despreciativos, críticos, autoritarios y diseñados para interponer distancia entre él y sus familiares, que aun así intentan relacionarse con él con cariño. La destructividad de su forma de «relacionarse» acaba siendo tan obvia para todos, especialmente para el hijo mayor, que ya no puede ocultarse el hecho de que el comportamiento a veces violento de

---

* Carlino, L. J. (director). (1979). *The Great Santini* [El don del coraje] (película). Orion Pictures.

Santini es el resultado de su propia incapacidad para ser tierno y genuinamente cercano. El «gran Santini», bajo el poder del *sádico*, tiene constantemente su «espada» emocional desenvainada y la blande contra todo el mundo: sus hijos, que necesitan su guía y cariño, e incluso su mujer. Hay una escena terrible que tiene lugar en la cocina. Todo termina por estallar: Santini ataca físicamente a su mujer, y, seguidamente, las niñas lo atacan a él. Si bien el desapego en sí no es necesariamente malo, como hemos dicho, deja la puerta abierta al «demonio» de la crueldad. Dada su gran vulnerabilidad en esta área de las relaciones interpersonales, el hombre bajo la influencia del guerrero necesita urgentemente tener su mente y sus sentimientos bajo control; no reprimidos, sino bajo control. De lo contrario, la crueldad se colará por la puerta trasera cuando él deje de vigilar.

Hay dos tipos de crueldad: la crueldad desapasionada y la apasionada. Un ejemplo del primer tipo es una práctica que los nazis utilizaban en la formación del cuerpo de oficiales de las SS. Los candidatos al cuerpo criaban cachorros, los cuidaban en todos los sentidos: los atendían cuando estaban enfermos, los alimentaban, los aseaban y jugaban con ellos. Más adelante, en un momento arbitrario decidido por el instructor, se ordenaba a estos hombres que mataran a sus cachorros, y que lo hicieran sin hacer concesión alguna a los sentimientos. Este entrenamiento en el sadismo insensible evidentemente funcionó bien, ya que estos mismos hombres se convirtieron en máquinas de matar que gestionaron los campos de exterminio sistemáticamente, sin muestras de emoción alguna. Después de torturar y asesinar a millones de seres humanos, continuaban considerándose a sí mismos «buenos compañeros».

Una imagen contemporánea del guerrero convertido en máquina de matar sin pasión es, por supuesto, Darth Vader, de la saga de *La guerra de las galaxias*.[*] Resulta alarmante la cantidad de niños y adolescentes que se identifican con él. En este mismo sentido, también es alarmante que muchos de estos jóvenes se conviertan en miembros de grupos neonazis y preparacionistas.

En ocasiones, no obstante, la crueldad del sádico es apasionada. En la mitología se hace mención de los dioses vengadores y de la «ira de dios». El dios hindú Shiva baila la danza de la destrucción universal. En la Biblia, Yavé ordena que civilizaciones enteras ardan en llamas. Ya en el comienzo del Antiguo Testamento tenemos constancia de este Dios furioso y vengativo que reduce el planeta a barro mediante un gran diluvio que acaba con casi todos los seres vivos.

El guerrero como espíritu vengador entra en nosotros cuando estamos muy asustados y enfadados. Una especie de ansia de actuar a sangre y fuego, como se dice, se apodera de los hombres bajo el estrés que produce el combate, así como sucede en otras situaciones estresantes

---

[*] Lucas, G. (director). (1977). *Star Wars* (*La guerra de las galaxias*) (película). Lucas Film; 20th Century Fox.

de la vida. Hay una escena en la película *Apocalypse Now* en la que la tripulación del cañonero estadounidense entra en pánico y termina por asesinar a todos los tripulantes del sampán que previamente habían abordado. Solo cuando cesa su miedo se dan cuenta de que las personas que acaban de asesinar en pleno «frenesí de batalla» eran aldeanos inocentes que iban al mercado. Una escena similar acontece en la película *Platoon*, cuando los soldados abren fuego contra los habitantes indefensos de una aldea vietnamita. Este tipo de arrebato salvaje ha perseguido a los estadounidenses desde el incidente de My Lai, en el que el teniente Calley, al parecer aterrorizado y furioso, ordenó la ejecución de todos los hombres, mujeres y niños de la aldea. Que el guerrero sádico realmente ama semejante carnicería y crueldad queda patente de nuevo en *Patton*, cuando el propio general contempla los restos humeantes y los cadáveres carbonizados de una gran batalla de tanques entre las fuerzas estadounidenses y las alemanas y suspira: «¡Dios, cómo me gusta!».

A esta pasión por la destrucción y la crueldad se une el odio a los «débiles», a los indefensos y vulnerables (en realidad se trata del *masoquista* que se oculta en el sádico). Ya hemos mencionado el incidente de la bofetada en la carrera del general Patton. Observamos que este mismo tipo de sadismo se despliega en el campo de entrenamiento militar en nombre de la supuestamente necesaria «humillación ritual», diseñada para privar a los reclutas de su individualidad y situarlos a merced del poder de una devoción transpersonal. Con demasiada frecuencia, las motivaciones del sargento instructor son las del guerrero sádico. Alguien que busca humillar a los hombres puestos a su cargo y excederse con ellos. ¿Y qué decir de la repugnante práctica del ejército turco en la Primera Guerra Mundial, aquella en la cual, tras tomar una aldea árabe, los soldados se deleitaron en el empleo de sus bayonetas para abrir en canal a mujeres embarazadas, arrancarles los fetos y colgárselos del cuello?

A priori puede parecer improbable, pero la crueldad del guerrero sádico está directamente relacionada con el lado negativo de la energía del héroe. Existen similitudes entre el guerrero sombrío y el héroe. El guerrero sombrío lleva hasta la edad adulta la inseguridad adolescente, el sentimentalismo violento y la desesperación del héroe cuando intenta hacer frente al poder abrumador de lo femenino, que siempre tiende a evocar el polo masoquista o cobarde de la sombra disfuncional del héroe. El hombre bajo el influjo de la bipolaridad del guerrero sombrío, inseguro de su legítimo poder fálico, lucha contra lo que percibe como feminidad extremadamente poderosa y contra todo lo supuestamente «blando» y concerniente a las relaciones sentimentales. Incluso ya alcanzada la adultez, su terror de ser engullido por esa feminidad continúa. El miedo desesperado que esto le produce genera en él una brutalidad inhumana.

No tenemos que irnos muy lejos para ver a este guerrero destructivo; podemos ser testigos de su *modus operandi* en nuestras propias vidas. Lamentablemente, debemos reconocer su presencia en el lugar de trabajo cada vez que un jefe menosprecia, acosa, despide injustamente o maltrata de muchas otras maneras a sus subordinados. De igual modo, debemos reconocer que el sádico está presente en nuestros hogares: las espantosas estadísticas de violencia de género y abuso de menores así lo reflejan.

Aunque todos podemos llegar a ser vulnerables al guerrero sádico en algún momento, hay un tipo de personalidad en particular que posee esta energía «a tutiplén», como decimos nosotros. Se trata del trastorno obsesivo-compulsivo de la personalidad. Las personalidades compulsivas son adictas al trabajo, constantemente trabajan a destajo. Tienen una gran capacidad para soportar el dolor y a menudo consiguen sacar adelante enormes cantidades de trabajo. No obstante, lo que impulsa sus incesantes motores es una profunda ansiedad, la desesperación del héroe. Poseen una noción muy limitada de su propia valía. No saben qué es lo que realmente quieren, qué es lo que les falta y les gustaría tener. Se pasan la vida «atacando» todo y a todos: sus trabajos, las tareas que tienen por delante, a ellos mismos y a los demás. En el proceso son devorados vivos por el guerrero sádico y pronto llegan al «agotamiento».

Todos conocemos a estas personas. Son los directivos que se quedan en la oficina mucho después de que todos los demás se hayan ido a casa. Y cuando por fin lo hacen, rara vez duermen bien. Son los pastores eclesiásticos, trabajadores sociales, terapeutas, médicos y abogados que trabajan literalmente día y noche en su empeño de atender las carencias físicas y psicológicas de otras personas; los que sacrifican sus propias vidas en aras de «salvar» a los demás. En el proceso se hacen mucho daño a sí mismos y por extensión a los demás, pues nadie puede estar a la altura de sus estándares imposibles. Como resulta evidente, al no poder estar a la altura de sus propios estándares, se maltratan sin piedad. Si no tienes más remedio que admitir que realmente no te cuidas, que no te preocupas por tu bienestar mental y físico, es muy probable que el guerrero sombrío te haya atrapado.

Tal y como ya indicamos, los hombres que desempeñan determinadas profesiones se ven especialmente amenazados por la energía disfuncional del guerrero. El militar es un ejemplo palmario. Lo que puede no resultar tan obvio es que los revolucionarios y activistas de todo tipo también puedan sucumbir al influjo del polo sádico del guerrero sombrío. Aquí se aplica el viejo dicho de que nos convertimos en aquello que odiamos: es una triste verdad que los líderes de las revoluciones —ya sean políticas, sociales, económicas o pequeñas revoluciones dentro del mundo corporativo o de las organizaciones sin ánimo de lucro—, una vez que han derrocado a los tiranos y opresores (a menudo mediante la violencia y el terrorismo), se convierten ellos mismos en los nuevos tiranos opresores. En los años sesenta frecuentemente se argüía que los líderes del movimiento pacifista eran tan tiranos y violentos como aquellos contra los que luchaban.

Junto con los integrantes de muchas otras profesiones ya citadas, los vendedores y los profesores pueden caer fácilmente presa de patrones compulsivos y autodirigidos de adicción al trabajo. Con el tiempo, algunos de estos profesionales estallarán. Un vendedor de coches se sometió a terapia después de unos años como número uno en ventas mes tras mes, no solo en su propio concesionario, sino en el distrito entero. Cada uno de estos meses luchaba y se esforzaba —con enorme disciplina y determinación— por llegar a lo más alto. Un día, algo se derrumbó en su interior. Percibía un progresivo desgaste interno y una creciente fatiga y a menudo mencionaba sentirse «quemado». Una mañana se levantó y se dio cuenta de que le temblaba todo el cuerpo y de que la sola idea de ir a trabajar le producía terror. Pronto dejó de dormir. Empezó a tener unas ganas irrefrenables de llorar en los momentos más inoportunos. Pese a ello, se obligó a seguir varios meses más. Finalmente llegó un día en que todo en el trabajo —el salón de ventas, el aparcamiento, sus compañeros, los clientes— le pareció extrañamente irreal. Llamó a su médico e ingresó en el hospital. El guerrero sádico lo había subyugado; se lo había comido vivo. Poco después, su mujer lo abandonó. Para justificarlo alegó una evidente falta de atención por parte de él. Fue entonces cuando acudió a terapia. En el curso de esta descubrió el poder autodestructivo de su compulsividad y el modo en que esta lo alejaba de los demás. Y decidió pasar página.

Cualquier profesión que ejerza una gran presión sobre una persona para que dé lo mejor de sí en todo momento nos hace vulnerables al sistema de sombra del guerrero.

Si nuestra estructura interna no está lo suficientemente afianzada, será nuestro rendimiento en el mundo exterior el que apuntale la confianza que tenemos en nosotros mismos. Y como la necesidad de este refuerzo es tan grande, nuestro comportamiento gravitará hacia lo compulsivo. El hombre que se obsesiona con «tener éxito» ya ha fracasado. Intenta desesperadamente reprimir al masoquista que lleva dentro, pero ya muestra comportamientos masoquistas y autocastigadores.

El masoquista es el polo pasivo de la sombra del guerrero, ese individuo «pusilánime» y «cohibido» que se esconde justo detrás de las manifestaciones de rabia del sádico. Los hombres hacen bien en temer al cobarde que llevan dentro, incluso si carecen del juicio necesario para temer el machismo que manifiestan por fuera. El masoquista proyecta la energía del guerrero sobre los demás y provoca que el hombre se sienta impotente. El hombre poseído por el masoquista es incapaz de defenderse psicológicamente: permite que los demás (y él mismo) lo empujen, que sobrepasen los límites de lo que puede tolerar sin ver mermada su autoestima. Por no hablar de su salud mental y física. Todos nosotros, sea cual sea nuestra trayectoria vital, podemos caer bajo el poder de la sombra bipolar del guerrero en cualquier ámbito de nuestras vidas. Puede suceder que no sepamos cuándo poner fin a una relación imposible, cuándo cortar con un círculo de amigos o cuándo dejar un trabajo frustrante.

Conviene entonces recurrir al dicho «en varios juegos de cartas, o te plantas o te pasas» o a la expresión «cortar por lo sano». La personalidad compulsiva, sean cuales sean las señales de peligro, por imposible que sea el sueño e imbatible el enemigo, se atrinchera, trabaja más duro, le pide peras al olmo y termina por ser testigo de cómo su oro se convierte al final en cenizas. Si estamos bajo el poder del masoquista, soportaremos demasiados abusos durante demasiado tiempo y luego explotaremos en un arrebato sádico de violencia verbal e incluso física. Este tipo de oscilación entre los polos activo y pasivo de las sombras arquetípicas es característico de los sistemas disfuncionales.

El acceso al guerrero

Si estamos poseídos por el polo activo de la sombra del guerrero, lo experimentaremos en su vertiente sádica. Abusaremos de nosotros mismos y de los demás. Sin embargo, si sentimos que no estamos en contacto con el guerrero, seremos poseídos por su polo pasivo. Seremos cobardemente masoquistas. Soñaremos, pero no seremos capaces de actuar con decisión para realizar nuestros sueños. Nos faltará vigor y estaremos deprimidos.

Careceremos de la capacidad de soportar el dolor impres- cindible para la consecución de cualquier meta que me- rezca la pena. Si estamos en la escuela, no conseguiremos hacer nuestras tareas; no conseguiremos redactar nues- tros trabajos. Si nos dedicamos a la venta y nos asignan un nuevo sector, nos sentaremos a mirar el mapa y la lista de todos los contactos que hemos de hacer y no seremos capaces de empuñar el teléfono y empezar a hacer llama- das. Contemplaremos la tarea que tenemos por delante y nos sentiremos derrotados antes de empezar, incapaces de «lanzarnos a la batalla». Si nos dedicamos a la política, en lugar de ser capaces de enfrentarnos «frontalmente» a los problemas y las preocupaciones de los ciudadanos, es- curriremos el bulto y buscaremos una forma de evitar la confrontación directa. Si estamos mal pagados en el tra- bajo, aun con el convencimiento de que hay dinero sufi- ciente y de ser lo bastante buenos como para merecer un aumento, echaremos a andar por el pasillo hasta la puerta del jefe, nos detendremos indecisos ante ella –paralizados por el miedo y los temblores–, nos daremos la vuelta y nos marcharemos por donde hemos venido.

Igual que sucede con todos los arquetipos descritos en este libro, no necesitamos preguntarnos *si* estamos po- seídos por uno o ambos polos de sus sistemas de sombra, sino *de qué manera* erramos a la hora de acceder adecuada- mente a los potenciales de energía masculina de los que disponemos.

Si accedemos de forma adecuada al guerrero, seremos enérgicos, decididos, valientes, resistentes, perseverantes y leales a un bien mayor, más allá de nuestro beneficio personal. Al mismo tiempo necesitamos enriquecer al guerrero con las energías de las otras formas masculinas maduras: el rey, el mago y el amante. Si logramos acceder al guerrero de la manera adecuada no solo seremos «desapegados», sino cálidos, compasivos, agradecidos y generosos. Cuidaremos de nosotros mismos y de los demás; libraremos las batallas necesarias para hacer del mundo un lugar mejor y más satisfactorio para todo y para todos. Nuestra lucha será en pos de la creación de lo nuevo, lo justo y lo libre.

7

EL MAGO

Hay una escena maravillosa en la película *Elegidos para la gloria* en la que Gordon Cooper llega a una estación de seguimiento en el interior de Australia desde la que va a supervisar el primer vuelo orbital de John Glenn. Al llegar a la estación y bajarse de su Land Rover, se encuentra con un grupo de aborígenes acampados allí. Un joven se le aproxima y Gordon le pregunta:

—¿Quiénes sois?

El aborigen responde:

—Somos aborígenes. ¿Quiénes sois vosotros?

Gordon replica:

—Soy astronauta. Vuelo hasta allá arriba, entre la luna y las estrellas.

El joven aborigen responde:

—Ah, ¿tú también? ¿Ves a ese tipo de ahí? —Y señala a un anciano lleno de arrugas que está sentado bajo un paraguas; sus ojos entrecerrados apuntan al horizonte como si contemplara una realidad que los demás no ven. El joven aborigen le explica:

—Él también sabe hacerlo. También vuela. Él sabe.

Esa misma noche, mientras Glenn orbita por encima de sus cabezas —las chispas salen despedidas de su escudo térmico incandescente—, los aborígenes encienden una gran hoguera, agitan sus bramaderas y orientan las chispas del fuego hacia el cielo para que se unan a las chispas de la cápsula de Glenn, tal y como muestra el montaje de la película. Mediante la magia simpatética —la canalización de energías ocultas—, el mago aborigen le transmite fuerzas a Glenn y lo asiste en su camino.

A menudo pensamos erróneamente que somos muy diferentes de nuestros antepasados, con nuestros grandes conocimientos y asombrosa tecnología. No obstante, los orígenes de estos conocimientos y tecnología están en la mente de hombres como el viejo aborigen. Tanto él como todos aquellos que eran como él en las sociedades tribales y ancestrales tenían acceso a la energía del mago. Y es la energía del mago lo que impulsa nuestra civilización moderna. Chamanes, curanderos, magos, hechiceros, brujos, inventores, científicos, médicos, abogados, técnicos..., todos ellos acceden al mismo patrón de energía masculina, no importa en qué época o cultura vivan. En las historias artúricas, Merlín construye un Camelot con el que nuestra tecnología, psicología y sociología aún sueñan: un clima regulado, una sociedad ordenada e igualitaria en la que sus gentes gozan de las bendiciones del amor y la reciprocidad, y una reconocida necesidad de ir en busca de un objetivo supremo (en este caso, el Santo Grial). En las aventuras de *La guerra de las galaxias*, Obi-Wan Kenobi busca dirigir una renovación de su galaxia mediante una combinación de sus conocimientos secretos de «la fuerza» y la aplicación de tecnología avanzada.

Las energías del arquetipo del mago, dondequiera y cuandoquiera que las encontremos, son dobles. El mago es el conocedor y maestro de la tecnología. Es más, el hombre que es guiado por el poder del mago es capaz de cumplir con estas funciones mágicas en parte gracias al uso que hace del proceso ritual iniciático. Es el «líder ritual» que guía los procesos de transformación, tanto interiores como exteriores.

El mago de carne y hueso es siempre un iniciado, y una de sus tareas es iniciar a otros. Pero ¿en qué es un iniciado? El mago es un iniciado en los conocimientos secretos y ocultos de todo tipo. Este es el quid de la cuestión. Todos los conocimientos que requieren una formación especial para ser adquiridos pertenecen a la energía del mago. No importa si es un aprendiz que se está formando para convertirse en maestro electricista y así poder desentrañar los misterios de la alta tensión o si es un estudiante de medicina que trabaja día y noche en el descifre de los secretos del cuerpo humano y el empleo de las tecnologías disponibles para asistir a sus pacientes. Tampoco hay diferencia alguna si es un aspirante a corredor de bolsa, o bien un estudiante de finanzas, o bien un alumno en prácticas de una de las escuelas psicoanalíticas..., está exactamente en la misma posición que el aprendiz de chamán o de brujo en las sociedades tribales. Está invirtiendo grandes cantidades de tiempo, energía y dinero para iniciarse en los reinos exclusivos del poder secreto. Está sometiéndose a una prueba que desafía sus capacidades para convertirse en un maestro de este poder. Y, como ocurre en todas las iniciaciones, no hay garantía de éxito.

El mago es un arquetipo universal que ha operado en la psique masculina a lo largo de la historia. Hoy en día, los hombres modernos pueden acceder a él en su trabajo y en su vida privada.

Antecedentes históricos

Algunos antropólogos creen que, en un pasado muy remoto, las energías masculinas del rey, el guerrero, el mago y el amante fueron una vez inseparables y que un hombre —el «jefe»— manifestaba todas las funciones de estos arquetipos de forma holística. Puesto que estas cuatro energías están presentes de manera equilibrada en el sí-mismo masculino, puede ser que el jefe fuera el único miembro de la tribu que se autopercibiera como un hombre completo. Sea como fuere, en las sociedades aborígenes que aún existen hoy en día, estas energías masculinas ya están un tanto diferenciadas. Está el rey o jefe. Están los guerreros a las órdenes del jefe. Y está el mago: el guía espiritual, el brujo, el chamán. Sea cual sea su título, su especialidad se basa en el conocimiento de algo que los demás ignoran. Conoce, por ejemplo, los secretos de los movimientos de las estrellas, las fases lunares, las oscilaciones norte-sur del Sol. Sabe cuándo plantar y cuándo cosechar, o cuándo llegarán las manadas la próxima primavera.

Puede predecir el tiempo. Conoce las hierbas medicinales y los venenos. Entiende las dinámicas ocultas de la psique humana y puede manipular a otros seres humanos, para bien o para mal. Él es quien puede bendecir y maldecir eficazmente. Conoce los vínculos entre el mundo invisible de los espíritus —el mundo divino— y el mundo de los seres humanos y la naturaleza. La gente acude a él con sus preguntas, problemas, dolores y enfermedades físicas y mentales. Cumple la función de confesor y sacerdote. Él es quien puede reflexionar acerca de cuestiones que no son de fácil discernimiento para otras personas. Se considera que es un vidente y un profeta debido a su capacidad de predecir el futuro y de sondear lo profundo.

Huelga decir que este conocimiento secreto confiere al mago un enorme poder. Y, dado que conoce la dinámica de los flujos y patrones de la energía propios de la naturaleza, los seres humanos, las sociedades y los dioses —las profundas fuerzas inconscientes—, es un maestro en la contención y canalización del poder.

Los magos fueron quienes crearon la civilización tal y como la conocemos, bien a lo largo de los ríos Tigris y

Éufrates, bien a lo largo del Nilo en Egipto. Fueron ellos quienes inventaron los secretos del lenguaje escrito, quienes descubrieron las matemáticas y la ingeniería, la astronomía y el derecho. Los faraones contaban con magos —así son llamados en la Biblia— en sus cortes para que los aconsejaran sobre todos estos asuntos. Al legendario mago egipcio Imhotep (ca. 2800 a. C.) se le atribuyen importantes descubrimientos en medicina, ingeniería y otras ciencias. Diseñó y construyó la primera gran pirámide, llamada pirámide escalonada del faraón Zoser. Fue el Einstein y el Jonas Salk de su época.

Había un aspecto de la sabiduría del mago que estaba vinculado a su visión de las profundidades de la naturaleza y de los seres humanos: su capacidad para bajar los humos, especialmente a los reyes, pero también a cualquier funcionario público importante. El arquetipo del mago en un hombre es su «detector de mentiras»; ve a través de la negación y ejerce el discernimiento. Cuenta con la capacidad de distinguir el mal tal y como es y allí donde se encuentra, aunque se disfrace de bondad, algo que sucede frecuentemente. En la antigüedad, cuando un rey perdía los estribos a causa de sus propios sentimientos de ira y ansiaba castigar a un pueblo que se negaba a pagar sus impuestos, era el mago el que conseguía liberarlo de su ánimo tempestuoso, el que facilitaba que la conciencia y el buen juicio del rey volvieran a despertar gracias al ejercicio de la reflexión y del pensamiento moderado, o merced a su agudo empleo de la lógica. El mago de la corte era, en efecto, el psicoterapeuta del rey.

El profeta Natán, mago del rey David, le prestó este servicio psicoterapéutico en más de una ocasión. Sirva de ejemplo el especialmente dramático incidente de Betsabé al que ya nos hemos referido. Después de que David poseyese a Betsabé y mandara matar a su marido, Urías, Natán entró silenciosamente en la sala del trono de David y se presentó ante él. Entonces le narró la historia de dos hombres, uno rico y otro pobre: el rico poseía muchas ovejas; el pobre solo tenía un cordero. Un día, un viajante vino a visitar al hombre rico y este se vio obligado a preparar un suntuoso banquete en su honor. El hombre rico, en lugar de sacrificar una de sus ovejas, acudió al hombre pobre y le arrebató su único cordero, al que mató para servir dicho banquete. En aquel instante, el rey David, poseído por un arrebato de ira, proclamó que quien había hecho aquello merecía morir. Natán respondió: «Tú eres es ese hombre». David se arrepintió y se mostró menos henchido de arrogancia en lo sucesivo.

Merlín, el mago del rey Arturo, cumplió para él una función muy similar. Merlín asistía a Arturo en sus reflexiones acerca de diversos temas y, en el proceso, a veces contribuía a desinflar su arrogancia. En el musical *Camelot*, y en la magnífica obra homónima* de T. H. White en la que se basa, Merlín con frecuencia hace de guía de

---

* N. del T.: *The Once and Future King,* traducida en España como *Camelot,* es una serie de cinco novelas del mito artúrico.

Arturo y, efectivamente, trabaja para iniciarlo en formas apropiadas de acceder a la energía del rey. El resultado es que Arturo progresa hacia una madurez masculina cada vez más plena al mismo tiempo que se convierte en un mejor monarca.

En las postrimerías de la Antigüedad clásica, surgido de los antiguos cultos mistéricos griegos y revitalizado por el cristianismo primitivo, hubo un movimiento llamado gnosticismo. *Gnosis* era la palabra griega para designar el 'conocimiento' a un nivel psicológico o espiritual profundo. Los gnósticos conocían las profundidades de la psique humana y la dinámica oculta del universo. Fueron verdaderos protopsicólogos profundos. Enseñaban a sus iniciados a descubrir sus propias motivaciones e impulsos inconscientes, a abrirse camino a través de la traicionera oscuridad de las ilusiones humanas y, finalmente, a alcanzar la unidad con el centro que yace en lo más profundo. Este movimiento gnóstico, que se concentraba en el discernimiento y el autoconocimiento, era impopular entre la inmensa mayoría de los primeros cristianos y fue perseguido por la Iglesia católica hasta su desaparición. Adquirir conocimiento de cualquier tipo, pero especialmente del funcionamiento oculto de la psique, es un trabajo arduo y doloroso que la mayoría de nosotros preferimos rehusar.

A pesar de la persecución sufrida por el gremio de los magos a cargo de los primeros cristianos, el arquetipo del mago no podía, por supuesto, ser expulsado; ninguna de las energías instintivas de la psique puede serlo. Esta tradición de conocimiento secreto resurgió en la Edad Media europea bajo la denominación de *alquimia*. La mayoría de nosotros sabemos que la alquimia era el intento de fabricar oro a partir de materiales ordinarios. A ese nivel, estaba condenada al fracaso. No obstante, lo que la mayoría de nosotros no sabe es que la alquimia era también una técnica espiritual para ayudar a los propios alquimistas a alcanzar la comprensión, la autoconciencia y la transformación personal, es decir, la iniciación a una mayor madurez.

En buena medida, fue la alquimia lo que dio origen a las ciencias modernas, en concreto a la química y la física. Resulta interesante caer en la cuenta de que nuestra ciencia moderna, al igual que el trabajo de los antiguos magos, se divide en dos aspectos. El primero, la «ciencia teórica», es el aspecto del *conocimiento* de la energía del mago. El segundo, la «ciencia aplicada», es el aspecto *tecnológico* de dicha energía, el conocimiento aplicado de cómo contener y canalizar el poder.

Creemos que la nuestra es la era del mago, pues es una era tecnológica. Al menos en su preocupación materialista por comprender y dominar la naturaleza. Por el contrario, en cuanto a proceso iniciático no materialista, psicológico o espiritual se refiere, la energía del mago parece escasear. Ya hemos denunciado la ausencia de líderes rituales que puedan iniciar a los hombres en los niveles más profundos y maduros de la identidad masculina. Si bien las escuelas técnicas, los sindicatos, las asociaciones profesionales y muchas otras instituciones que expresan la energía del mago en el mundo material florecen y proporcionan procesos iniciáticos para aquellos que buscan convertirse en «maestros» en este sentido, a la energía del mago no le va tan bien en el área del crecimiento y la transformación personal. Tal y como apuntamos anteriormente, la nuestra es una época de caos personal y de identidad de género. Y el caos es siempre el resultado de un acceso inadecuado del mago en algún área crucial de la vida.

Dos ciencias —la física subatómica y la psicología profunda— siguen haciendo el trabajo de los antiguos magos de una forma holística que aúna los lados material y psicológico de la energía del mago. Cada una de ellas busca conocer y luego controlar, al menos de manera parcial, los manantiales de las mismas energías ocultas que los antiguos sondearon tan profundamente.

Se dice que la física subatómica moderna se parece mucho al misticismo oriental en su acercamiento a las intuiciones del hinduismo y el taoísmo. Esta nueva física está descubriendo un micromundo bajo nuestro aparentemente sólido macromundo de percepciones sensoriales. Ese mundo invisible de partículas subatómicas es muy diferente del macromundo que percibimos normalmente. En este mundo oculto bajo la superficie de las cosas, la realidad se vuelve de veras muy extraña. Partículas y ondas, cuyas propiedades son tan radicalmente diferentes

en el macromundo, vienen a ser lo mismo en el micromundo. Una «partícula» puede parecer que está al mismo tiempo en dos lugares distintos sin haberse dividido
jamás. La materia pierde su «solidez» y parece ser una
agrupación de nodos de energía concentrados en puntos localizados durante periodos de tiempo más o menos
breves. La propia energía parece surgir de un patrón cua-
driculado profundamente oculto del vacío espacial, que
ya no puede ser visto como «nada». Las partículas surgen
de este campo de energía subyacente como las olas del
océano, para luego hundirse —o «decaer»— otra vez en la
nada de la que salieron. Surgen preguntas sobre el tiempo: ¿qué es, en qué dirección va? ¿Se invierte alguna vez?
¿Ciertos tipos de partículas subatómicas viajan hacia atrás
en él y luego invierten su dirección para volver a moverse
en nuestra línea temporal?

¿Cuál es el origen del universo? ¿Y cuál es su destino
final? A la luz de estos nuevos descubrimientos e interro-
gantes, resurgen viejas preguntas: ¿cuál es la naturaleza del
ser y del no ser? ¿Existen, de hecho, las otras dimensiones
que predicen las matemáticas? ¿En qué sentido podrían
ser equivalentes a lo que las antiguas religiones llamaban
otros «planos» o «mundos»? Los físicos han entrado en el
reino del conocimiento verdaderamente oculto y secreto. Y se mueven en un mundo de reflexión que se parece
mucho al mundo de los antiguos magos.

Lo mismo ocurre con la psicología profunda. Cuando Jung elaboraba sus primeros mapas del inconsciente,

quedó impresionado por las similitudes entre lo que estaba descubriendo sobre los flujos de energía, los patrones arquetípicos de la psique humana y la física cuántica de Max Planck (entre otros teóricos). Se dio cuenta de que había tropezado con un vasto mundo que los modernos tenían en buena parte descuidado, un mundo de imágenes y símbolos vivos que ascendían y descendían igual que las ondas de energía que parecían ser los indicadores de nuestro universo material. Estas realidades arquetípicas, ocultas en el profundo vacío del inconsciente colectivo, parecían ser los bloques de construcción de nuestras ideas, sentimientos, patrones habituales de comportamiento y reacciones; nuestro macromundo de la personalidad. En su opinión, este inconsciente colectivo se parecía mucho a los campos de energía invisibles de los físicos subatómicos, y ambos —inconsciente colectivo y campos de energía invisibles— se asemejaban en gran medida al misterioso *pléroma* subyacente descrito por los gnósticos.

La conclusión, tanto de la física moderna como de la psicología profunda, es que las cosas no son lo que parecen. Lo que percibimos como realidad normal —con respecto a nosotros mismos y a la naturaleza— es solo la punta de un iceberg que surge de un abismo insondable. El conocimiento de este reino oculto es competencia del mago, y es a través de su energía como llegaremos a comprender nuestras vidas con un grado de profundidad no soñado durante al menos mil años de historia occidental.

Hay indicios de que Jung se consideraba un mago. Cuando le preguntaron una vez si creía en Dios, respondió de una manera auténticamente gnóstica: «Yo no creo en Dios; yo sé». Algunos de sus primeros seguidores han dicho que los hizo partícipes de secretos que no podían revelar salvo a los iniciados en los niveles más altos o profundos de la conciencia psíquica.

Esto no es charlatanería. Todo psicoanalista sabe que debe tener cuidado con lo que revela a un paciente en un momento dado. El poder de las energías inconscientes es tan grande que, si no se controlan, contienen y canalizan, si no se accede a ellas en el momento justo y en la dosis adecuada, pueden hacer saltar en pedazos la estructura del ego. Demasiada energía sin los «transformadores» adecuados y la cantidad correcta de «aislamiento» para contenerla sobrecargará los circuitos del paciente y lo destruirá. La revelación de información secreta debe ser dosificada, porque hay razones para habérsela ocultado al ego en un principio.

Hay otra área en nuestro mundo moderno en la que el conocimiento psicológico y espiritual y la canalización de energía del arquetipo del mago están siendo revividos. Se trata del área del así llamado ocultismo. Existen magos de todo pelaje —banqueros, técnicos informáticos, amas de casa, ingenieros químicos...—, magos rituales que hacen su trabajo «diurno» como cualquier otra persona y luego se dedican a su trabajo *real*, principalmente por la noche, en el que buscan iniciarse en «planos superiores».

Contactan con lo que llaman «entidades» que les enseñan a ver más allá de la superficie y a utilizar el poder que se pone a su disposición para obrar el bien y el mal. Estas personas —exactamente igual que los antiguos magos— están interesadas en el conocimiento de la sabiduría secreta, de los poderes ocultos y de los aspectos tecnológicos, no solamente de la contención (con frecuencia por medio de los efectos aislantes de los «círculos mágicos» y los conjuros de invocación y destierro), sino también de la canalización (a menudo mediante el uso de la archipopular «varita mágica»).

En todo proceso ritual, al igual que en todo conocimiento y control profundos de cualquier tipo de energía, surge la cuestión del espacio «sagrado». El espacio sagrado es el contenedor de la energía bruta, el «transformador reductor» que aísla y canaliza las energías que entran en él. Es el equivalente al escudo del reactor en una central nuclear. El sagrario de una iglesia. Son los himnos y los rezos estipulados, las invocaciones y las bendiciones utilizadas para evocar el poder divino y proteger a los creyentes de su cruda intensidad al mismo tiempo que les facilita el acceso a ella.

En la Biblia hay una historia fascinante sobre esta cuestión de la contención y el espacio sagrado. El rey David y su ejército acababan de recuperar el arca de la alianza, una especie de «estación generadora» del poder de Yavé a escala reducida que estaba en manos de los filisteos. Según era transportada de regreso a Jerusalén, los bueyes que tiraban del carro tropezaron, lo que provocó que el arca se desestabilizase. Un soldado que caminaba junto al carro irguió el brazo de manera instintiva y la palmeó para estabilizarla. Inmediatamente fue ejecutado, pues solo los sacerdotes, los magos instruidos en el manejo del «núcleo del reactor» del poder de Dios, estaban autorizados a tocarla. Ellos conocían el secreto del aislamiento; sabían cómo contener y canalizar el poder de Yavé en la Tierra. El desafortunado soldado, a pesar de sus buenas intenciones, no lo sabía.

En la película *En busca del arca perdida*[*] podemos observar un tratamiento moderno del tema del poder generador del arca. En este largometraje, Indiana Jones compite con los nazis para encontrar el arca y emplear el enorme poder de esta antigua «tecnología». Los nazis llegan a ella primero. Hay una escena magnífica en la que el líder nazi, ataviado con el traje ceremonial, recita las invocaciones rituales necesarias para activar el poder del arca. Acciona el interruptor de «encendido». No obstante, enseguida queda claro que no es un mago, pues una vez consigue activarlo no sabe cómo contener las fuerzas que ha liberado; es incapaz de encontrar el interruptor de «apagado». El poder de Yavé se libera y destruye al ejército nazi por la ausencia del mago, quien cumple las funciones de sabio y técnico.

---

[*] Spielberg, S. (director). (1981). *Raiders of the Lost Ark (En busca del arca perdida)* (película). Lucasfilm.

Un tema similar aparece en una secuencia de *Fantasía*,* de Walt Disney. Al aprendiz de brujo Mickey Mouse le han asignado la tarea de fregar el taller de su maestro, el brujo (mago). En lugar de hacer el trabajo de forma convencional –lo que significaría batirse el cobre–, decide utilizar el poder de la magia. Activa la fregona y el cubo, y, al principio, todo va bien. Pero entonces el poder que ha liberado se le va de las manos. Al fin y al cabo, solo es un aprendiz y no sabe cómo contener la energía que ha puesto en marcha. Las fregonas y los cubos empiezan a multiplicarse. La escena se vuelve frenética, ya que el desafortunado Mickey no encuentra las palabras adecuadas para detener esa explosión de poder. Las fregonas y los cubos siguen vertiendo agua en la habitación, hasta que el aprendiz se ve inundado por una marea creciente que amenaza con ahogarlo. Solo el regreso del maestro evita el desastre.

En lo que al campo de la física subatómica se refiere, hemos descubierto –*a posteriori*– que nuestros conocimientos y nuestra tecnología de contención han sido inadecuados, y lo hemos descubierto con demasiada frecuencia. El desastre soviético de Chernóbil es el ejemplo más dramático y desafortunado.

Lo mismo ha ocurrido en psicoterapia. Muchas veces sucede que un terapeuta que no ha sido debidamente

---

* Algar, J., Armstrong, S., Beebe F., Ferguson, N., Handley, J., Hee, T., Jackson, W., Luske, H., Roberts, B., Satterfield, P., Sharpsteen, B. (directores). (1940). *Fantasia* (*Fantasía*) (película). Walt Disney Productions.

iniciado y que no es lo suficientemente hábil –continúa siendo un «aprendiz» en algunos aspectos cruciales– desencadena fuerzas en el paciente que ninguno de los dos puede contener. Esta cuestión de la contención ha surgido una y otra vez en el contexto de la terapia de grupo, especialmente en los «grupos de encuentro» de los años sesenta y setenta. En demasiadas ocasiones, tanto los participantes como el responsable del grupo eran realmente incapaces de comprender las fuerzas que podían ser liberadas. El líder no poseía ni la competencia tecnológica en dinámica psicológica ni los conocimientos necesarios para controlar el proceso. Como resultado, el grupo se volvía negativo y se producía el «colapso», primero individual y luego de todo el grupo.

De vez en cuando sucede lo mismo en los conciertos de *rock*. Los músicos invocan emociones agresivas y volátiles en el público y, después, si no logran acceder correctamente al mago, son incapaces de contener y canalizar la energía. El público se vuelve violento y puede llegar a arrasar la sala de conciertos e incluso las calles aledañas en una orgía de destrucción.

El mago en su plenitud

¿Qué significa todo esto para nosotros, hombres que perseguimos nuestra propia felicidad y la mejora de la calidad de vida de nuestros seres queridos, la mejora de nuestras empresas, nuestras causas, nuestros pueblos, nuestras naciones y nuestro mundo en general?

La energía del mago es principalmente el arquetipo de la conciencia y de la perspicacia, pero también lo es del conocimiento de todo aquello que no se percibe a primera vista ni es de sentido común. Es el arquetipo que rige lo que en psicología se llama «el ego observador».

Aunque en la psicología profunda a veces se le presuponga una importancia menor a la del inconsciente, el ego es, de hecho, vital para nuestra supervivencia. Este funciona de forma incorrecta únicamente en caso de que otra forma de energía –un arquetipo o un complejo, es decir, un fragmento arquetípico, como por ejemplo el tirano– o bien lo posea, o bien se identifique con él, o bien lo infle. Su rol es mantenerse al margen y observar, otear el horizonte, controlar los datos procedentes tanto del exterior como del interior y luego, desde su sabiduría –su conocimiento del poder interior y exterior y su habilidad técnica para canalizar–, tomar las decisiones necesarias.

Cuando el ego observador se alinea con el sí-mismo masculino a lo largo de un «eje ego-sí-mismo», entonces se inicia en la sabiduría secreta de ese sí-mismo masculino. Por un lado, entonces, es un sirviente del sí-mismo masculino; por otro, es también el líder y el canalizador de su poder. Por lo tanto, es un actor clave en el conjunto de la personalidad.

El ego observador está separado del fluir ordinario de los acontecimientos, sentimientos y experiencias diarias. En cierto sentido, no vive la vida, la observa; y presiona los botones correctos en los momentos adecuados para acceder a los flujos de energía cuando son necesarios. Es como el operador de una presa hidroeléctrica que vigila los manómetros y las pantallas de su ordenador para comprobar la presión que se genera en la superficie de la presa y después decide si libera o no el agua a través de las compuertas.

El arquetipo del mago, en sintonía con el ego observador, nos mantiene aislados del poder abrumador de los otros arquetipos. Es el matemático y el ingeniero que hay en cada uno de nosotros, el encargado de regular las funciones vitales de la psique en su conjunto. Conoce la enorme fuerza de la dinámica interna de la psique y cómo canalizarla para obtener el máximo beneficio. Conoce la increíble fuerza del «sol» interior y sabe cómo canalizar la energía de este sol para maximizar el beneficio. El patrón del mago regula los flujos internos de energía de los distintos arquetipos en beneficio de nuestras vidas.

Muchos magos de carne y hueso, de cualquier profesión o condición (también los ocultistas), utilizan conscientemente sus conocimientos y habilidades técnicas en beneficio de los demás y de sí mismos. Médicos, abogados, sacerdotes, directores generales, fontaneros, electricistas, investigadores científicos, psicólogos, etc., cuando acceden a la energía del mago de forma adecuada, trabajan para convertir la energía bruta en una ventaja para los demás. Este es el caso del curandero y del chamán con sus respectivos amuletos, sonajas, hierbas y conjuros. Y lo mismo sucede con los técnicos de investigación médica que buscan curas para nuestras enfermedades más mortales.

La energía del mago está presente en el arquetipo del guerrero en forma de esa claridad de ideas de la que ya hemos hablado con detalle. El mago por sí solo no tiene capacidad de actuación: esa es la especialidad del guerrero. No obstante, tiene la capacidad de pensar. Siempre que nos enfrentamos a lo que parece ser una decisión imposible en nuestra vida cotidiana, como por ejemplo a quién ascender en la empresa cuando hay cuestiones políticas complejas involucradas, cómo tratar la falta de motivación de nuestro hijo en la escuela, cómo diseñar una casa para que cumpla las especificaciones de los clientes y las regulaciones municipales, cuánto revelar a un paciente sobre el significado de sus sueños cuando vemos que se aproxima una crisis, o cómo elaborar un presupuesto en circunstancias financieras difíciles..., siempre que hacemos estas cosas, siempre que tomamos estas decisiones tras una deliberación cuidadosa y perspicaz, estamos accediendo al mago.

El mago es, pues, el arquetipo de la consideración y la reflexión. Y, por ello, es asimismo la energía de la introversión. Lo que entendemos por introversión no es timidez, sino la capacidad de aislarse de las tribulaciones externas e internas para conectar con las fuentes y certezas que se hallan en lo más profundo de nosotros.

En este sentido, los introvertidos viven mucho más alejados de sus centros que otras personas. La energía del mago, al ayudar a la formación del eje ego-sí-mismo, es inamovible en su estabilidad, centralidad y desapego emocional. No se deja empujar ni arrastrar fácilmente.

El mago a menudo aparece en momentos de crisis. Un hombre de mediana edad nos contó lo que le había ocurrido en un reciente accidente de coche que sufrió. Era invierno y bajaba una pendiente. Había un coche delante de él que estaba detenido ante una señal de *stop* al pie de la colina. De repente, en plena frenada, notó que había una placa de hielo bajo los neumáticos. Sus frenos se bloquearon, su coche salió disparado colina abajo como un cohete y sintió pánico al deslizarse directamente hacia el parachoques posterior del coche delantero. Entonces ocurrió algo extraordinario: un cambio en la percepción sensorial. De pronto, todo parecía moverse a cámara lenta. Se sintió tranquilo e inalterable; disponía del «tiempo» necesario para gestionar las opciones que tenía a su alcance. Era como si un ordenador hubiera tomado el control, otro tipo de inteligencia dentro de él. Una «voz» interior le dijo que levantara el pie del pedal de freno y, seguidamente, lo pisara de nuevo; que repitiese esta secuencia algunas veces y que girara el volante todo lo posible hacia la derecha: de ese modo chocaría oblicuamente contra el coche que tenía delante, lo cual minimizaría el impacto hasta detener el auto sin apenas daños sobre el terraplén acolchado por la nieve que había junto a la carretera. El hombre ejecutó estas maniobras con éxito.

Creemos que se trató de un súbito acceso a la energía del mago, una energía cuyo «conocimiento» desapegado de los distintos resultados posibles y cuya comprensión de las líneas de fuerza (de contención y canalización) podía ayudarlo, a través del dominio de la técnica, a sacar lo mejor de una situación difícil.

A poco que hagamos un repaso de todas las áreas de nuestra vida en las que nos ayudaría el ejercicio de un pensamiento claro y cuidadoso basado en la sabiduría interior y la destreza técnica, nos daremos cuenta de que necesitamos acceder adecuadamente al mago.

Frecuentemente, en situaciones difíciles, las personas se ven arrastradas a una especie de marco espaciotemporal que podemos llamar «sagrado», ya que resulta muy diferente de las coordenadas espaciotemporales que experimentamos en circunstancias normales. El conductor de nuestro ejemplo anterior se encontró de repente en unas coordenadas espaciotemporales interiores (el efecto de cámara lenta que describió) muy diferentes de su pánico y su angustia. Este espacio «sagrado» es algo que conocen bien los hombres guiados por el mago. De hecho, estos hombres pueden situarse deliberadamente en ese «espacio» de manera análoga a los magos rituales que dibujan sus círculos mágicos y recitan sus conjuros. Acceden a él a través de diversos métodos, a saber: la escucha de determinadas piezas musicales, la práctica de un *hobby*, los largos paseos por el bosque, la meditación sobre unos temas concretos o la adopción de ciertas imágenes mentales. Cuando acceden a este espacio sagrado interno pueden entrar en contacto con el mago. Pueden emerger de este espacio interior con la visión de qué hacer frente a un problema y de cómo hacerlo.

Creemos que las diversas formas en las que el mago ha hecho su aparición en la historia y las formas en que lo hace hoy entre los hombres no son más que meros fragmentos de lo que una vez fue una imagen completa. En quien más plenamente se ha manifestado ese mago primordial es en la figura que los antropólogos denominan chamán. En las sociedades tradicionales, el chamán era el sanador, el resucitador, el que hallaba las almas perdidas y el que descubría las causas ocultas de la desgracia, el encargado de restaurar la integridad y la plenitud tanto de los individuos como de las comunidades. Ciertamente, la energía del mago tiene hoy por hoy el mismo objetivo final. El mago —y el chamán como su recipiente humano más pleno— aspira a la plenitud existencial de todas las cosas a través de la aplicación compasiva del conocimiento y la tecnología.

El mago sombrío: el manipulador y el «inocente» negador

Por muy positivo que sea el arquetipo del mago, al igual que todas las demás formas de los potenciales energéticos masculinos maduros, posee un lado sombrío. Si la nuestra es la era del mago, también lo es del mago en la sombra bipolar. Basta con pensar en el creciente problema de los residuos tóxicos que envenenan y arruinan nuestro medioambiente. Las «fregonas y cubos» del aprendiz de brujo proliferan mientras la capa de ozono se agujerea, los océanos escupen nuestra basura, la vida salvaje perece (muchas especies hasta su completa extinción) o las selvas tropicales brasileñas menguan, lo cual no solo destruye el ecosistema brasileño, sino que amenaza la capacidad que tiene el planeta de producir oxígeno suficiente para dar sustento a la mayoría de las formas de vida. En los días más oscuros de la Segunda Guerra Mundial, fue *el mago sombrío* quien nos proporcionó la tecnología empleada en los campos de exterminio y la bomba atómica, cuya amenaza aún está presente entre nosotros. El dominio sobre la naturaleza –función propia del mago– se está desbocando, y con consecuencias incalculables que ya estamos experimentando. Detrás de los ministerios de propaganda, de las conferencias de prensa controladas, de las noticias censuradas y de los mítines políticos orquestados se esconde el rostro del mago como *manipulador*.

El polo activo del mago sombrío es, en un sentido especial, una «sombra de poder». Un hombre influido por esta sombra no guía a los demás como lo haría un mago, más bien los dirige por caminos que ellos no pueden distinguir. No está interesado en iniciarlos de manera gradual –mediante un procesamiento e integración paulatinos–, para que gocen de unas vidas mejores, más felices y plenas; al contrario: el manipulador maneja a las personas a través de la ocultación de información que ellos puedan necesitar para mejorar su bienestar. Exige mucho por la poca información que da, que suele ser la estrictamente necesaria para demostrar su superioridad y sus amplios conocimientos. El mago sombrío no solo es indiferente, también cruel.

Lamentablemente, un buen ejemplo de ello se encuentra en nuestras escuelas de posgrado. Varios estudiantes de posgrado –brillantes, dotados y muy trabajadores– nos han hablado de experiencias vinculadas al mago sombrío con sus profesores. En lugar de acceder a él adecuadamente y servir así de guías para la iniciación de estos jóvenes en el reino esotérico de los estudios avanzados, estos hombres atacaban habitualmente a sus estudiantes; trataban de aplastar su entusiasmo. Desgraciadamente, este escenario se repitc con demasiada asiduidad en las instituciones educativas de todo nivel: desde el jardín de infancia hasta la facultad de medicina; desde la escuela secundaria hasta la de oficios.

Muchos hombres involucrados en la medicina moderna también demuestran poseer este poder sombrío. De todos es sabido que el salario más alto en medicina lo recibe el especialista, que es un iniciado en campos exclusivos del conocimiento. Sin duda, hay muchos especialistas médicos genuinamente interesados en el bienestar de sus pacientes; no obstante, muchos de ellos no les desvelarán detalles importantes acerca de sus enfermedades. Especialmente en el campo de la oncología, los médicos ocultan rutinariamente información vital que permitiría a sus pacientes prepararse a sí mismos y a sus familias para el calvario del tratamiento que les espera, así como para la posibilidad de su fallecimiento. Además, los elevados costes de la medicina —sobre todo debido a los equipos y procedimientos más extraordinarios— dan testimonio del ansia de poder (el poder que el conocimiento secreto aporta a su poseedor) y de riqueza material de la que son víctimas los hombres poseídos por el manipulador arquetípico. Estos individuos anteponen su propio beneficio a la hora de emplear su conocimiento secreto, y solo en segundo lugar consideran emplearlo en beneficio de los demás.

La creciente complejidad de la ley y el lenguaje codificado de los procedimientos y documentos legales —cualesquiera que sean sus propósitos— proclaman claramente al público en general: «Nosotros, profesionales de las leyes, tenemos acceso a conocimientos ocultos que pueden conducirlo al éxito o al fracaso. Y, después de que le hayamos cobrado unos honorarios escandalosos por nuestros servicios, puede que se beneficie o no de nuestra magia».

Asimismo, en consulta y en repetidísimas ocasiones, el terapeuta oculta información que el paciente necesita para mejorar. Le comunicará con mayor o menor sutileza: «Soy el guardián de una gran sabiduría y conocimiento secretos, una sabiduría y un conocimiento que usted necesita para estar bien. Yo los poseo. Trate de obtenerlos de mí. Y, por cierto, al salir entregue su cheque a mi secretaria».

Esta retención de información, este secretismo cuyo único propósito es el del autoengrandecimiento, puede observarse en la industria publicitaria de la neoyorquina avenida Madison. La manipulación a gran escala de la psique colectiva por parte de los anunciantes con objeto de alimentar la codicia y la búsqueda de estatus de las empresas para las que trabajan, incluso hasta el punto de mentir descaradamente, muestra un cínico distanciamiento del genuino ámbito de las relaciones, el cual es tan destructivo e interesado como todo lo que hacen los ministerios de propaganda de los gobiernos totalitarios. Mediante su hábil uso de las imágenes y los símbolos que apelan a las heridas de sus semejantes, estos charlatanes agitan y azuzan a los iniciados en la magia negra, a los brujos malvados y a los practicantes de ritos vudú.

El hombre bajo el poder del manipulador no hiere únicamente a los demás con su cínico desapego del mundo de los valores humanos y sus tecnologías subliminales de manipulación: también se hiere a sí mismo. Es el hombre que piensa demasiado, el que se aparta de su vida y nunca la vive. Está atrapado en una red de pros y contras que afecta a cada una de sus decisiones. Y está perdido en un laberinto de sinuosas reflexiones del que no puede salir. Le da pavor vivir; teme «lanzarse a la batalla». Solo puede sentarse en su roca y reflexionar. Pasan los años y se pregunta adónde ha ido a parar el tiempo. Y a la postre se lamenta por haber vivido una existencia estéril. Es un voyerista, un aventurero de salón. Es el equivalente del pedante entremetido típico del mundo académico. No toma ninguna decisión por temor a equivocarse. Temiendo vivir, tampoco puede participar en la dicha y el placer que otras personas experimentan en sus vidas. Si rechaza a los demás y no comparte lo que sabe, finalmente acaba sintiéndose marginado y solo. Ha llegado hasta el extremo de dañar a otros con su conocimiento y su tecnología —en cualquier campo y de cualquier manera—, y, a causa de su distanciamiento de toda relación con sus semejantes, termina por aislar su propia alma.

Hace algunos años, un episodio de la serie *Más allá de los límites de la realidad** narraba la historia de un hombre poseído por el mago sombrío. A este hombre le encantaba leer y se creía superior a sus semejantes.

También rechazaba todo intento ajeno de llegar a conocerlo o conseguir que compartiese sus considerables conocimientos. Un día estalló una guerra nuclear y este hombre se convirtió en el último ser humano vivo sobre la Tierra. En lugar de sentirse desolado, se sintió eufórico y corrió a la biblioteca más cercana. Allí encontró el edificio en ruinas y miles de libros esparcidos por el suelo. Con

---

* Serling, R. (productor ejecutivo y Guionista). (20 de noviembre de 1959). *Time Enough at Last* (temporada 1, episodio 8) (episodio de serie de televisión). Brahm, J. (director), *The Twilight Zone* (*Más allá de los límites de la realidad*). Cayuga Productions; CBS Productions.

gran alegría, se inclinó para examinar el primer montón de ellos y entonces se le cayeron las gafas entre los escombros. Los cristales se hicieron añicos.

Cada vez que nos mostramos distantes, ajenos y reservados cuando lo que sabemos podría ayudar a los demás; cada vez que utilizamos nuestros conocimientos como arma para menospreciar y controlar a los demás; cada vez que aumentamos nuestro estatus o riqueza a costa de otros, nos identificamos con el mago sombrío en su aspecto de manipulador. Practicamos magia negra, nos perjudicamos a nosotros mismos y a quienes podrían beneficiarse de nuestra sabiduría.

Al polo pasivo de la sombra del mago lo llamamos el ingenuo o *el inocente*. Este representa la extensión de la infancia dentro de la edad adulta del polo pasivo de la sombra del niño precoz, es decir, del ignorante. El hombre poseído por el inocente anhela el poder y el estatus que tradicionalmente corresponden al mago de carne y hueso, al menos en aquellos ámbitos socialmente aceptados. Sin embargo, no desea asumir las responsabilidades que corresponden a un verdadero mago. No quiere compartir ni enseñar. Rechaza la tarea de ayudar a los demás de acuerdo con el método cuidadoso y gradual que forma parte de toda iniciación. Se niega a ser un asistente del espacio sagrado. No quiere conocerse a sí mismo y se cierra en banda a emprender el gran esfuerzo necesario para alcanzar la habilidad de contener y canalizar el poder de manera constructiva. Quiere aprender lo justo para obstaculizar a quienes *están* haciendo esfuerzos que merecen la pena. Al mismo tiempo que insiste en declararse inocente de poseer ambiciones ocultas de poder, el hombre poseído por el inocente, «demasiado importante» para esforzarse realmente por nada, bloquea el ascenso de los demás y ansía su ruina. Mientras que el embaucador utiliza sus tretas en parte para revelar la verdad, el inocente la *oculta* con el objetivo de elevar y afianzar su precario estatus. En tanto que el embaucador ansía someternos a un necesario baño de humildad, el mago sombrío, en el rol tanto del manipulador como del inocente, se esfuerza en humillarnos siendo esta humillación no solo innecesaria sino también perjudicial.

Las motivaciones subyacentes del inocente provienen de la envidia de los que actúan, de los que viven, de los que quieren compartir. Puesto que el hombre poseído por el inocente arquetípico tiene envidia de la vida, también teme que la gente descubra su falta de energía vital y lo baje de su tambaleante pedestal. Su equidistancia, su «comportamiento ejemplar», las curas de humildad que provocan sus comentarios, su hostilidad hacia las preguntas e incluso la pericia que ha adquirido..., todo ello está diseñado para enmascarar su verdadera desolación interior y para ocultar al mundo su falta de vitalidad y su irresponsabilidad reales.

El hombre poseído por el inocente comete tanto pecados de comisión como pecados de omisión, pero oculta sus hostiles motivaciones tras un muro impenetrable de fingida ingenuidad. Estos hombres son escurridizos y engañosos. No nos permiten enfrentarnos a ellos frontalmente con nuestra energía guerrera. Nos desestabilizan con sus dotes de seducción.

Esto se traduce en un proceso interminable de cuestionamiento de nuestras propias intuiciones sobre su comportamiento con el que logran esquivar cualquier intento que hagamos de enfrentarnos a ellos. Si desafiamos su «inocencia», a menudo reaccionan con una muestra de desconcierto que hace saltar nuestras lágrimas para, a continuación, no ofrecernos ninguna muestra de consuelo. Puede que incluso nos avergoncemos de nosotros mismos por haberles atribuido intenciones ocultas y concluyamos que debemos estar paranoicos. Sin embargo, no podremos escapar a la incómoda sensación de que nos han manipulado. Esa es la sensación que nos confirma la detección del polo *activo* de la sombra del mago tras la cortina de humo de la «inocencia».

El acceso al mago

Si nos hallamos bajo el influjo del manipulador, la sombra de poder del mago nos tendrá entre sus garras. Si sentimos que no estamos en contacto con el mago en su plenitud, estaremos atrapados en el polo pasivo deshonesto y negador de su sombra. En este caso, no seremos muy conscientes de nuestra propia estructura interior ni de nuestra calma y lucidez. No tendremos una sensación de seguridad interior y no sentiremos que podemos confiar en nuestros procesos de pensamiento. No seremos capaces de desprendernos de nuestras emociones y nuestros problemas. Es probable que experimentemos un caos interior y que seamos vulnerables a las presiones externas que nos empujarán y tirarán de nosotros en muchas direcciones diferentes. Actuaremos de forma pasivo-agresiva con los demás, si bien afirmaremos estar libres de cualquier mala intención.

Una de las cosas más difíciles de hacer como orientador o terapeuta es conseguir que los pacientes separen sus egos de sus emociones sin —al mismo tiempo— reprimirlas. Hay un ejercicio psicológico muy bueno para lograr esto que puede ser de gran ayuda. Se denomina *enfoque corporal* y es un proceso creado por Eugene Gendlin. Les pedimos a nuestros pacientes que, cuando sientan la aparición de emociones fuertes —miedo, envidia, ira, desesperación—, se sienten en una silla de «observación» y, a medida que afloren los sentimientos, imaginen que los apilan en el centro de la habitación. Deben colocarse de uno en uno en la pila, con cuidado. Después podemos sentarnos a contemplarlos: su color, su forma y los matices de sus tonos emocionales. Les rogamos que los observen sin juzgarlos ni menospreciarlos, que se limiten a observarlos. «¡Ahí estás otra vez! Ese es tu aspecto». Si los sentimientos están en medio de la habitación, allí donde el ego puede verlos, esto significa que no están siendo reprimidos. En el momento en que cesa la fuerza de estos sentimientos, les pedimos a nuestros pacientes que los destierren.

Lo que hace este ejercicio es ayudar al paciente a fortalecer su conexión con la energía del mago. Es el mago el que observa y piensa, el que permite al ego colocar los sentimientos en una pila ordenada. Contenidas de este modo, las energías emocionales acaban por perder su poder. Finalmente, el ego fortalecido puede ser capaz de tomar esta energía emotiva en bruto y transformarla en formas que mejoren nuestra calidad de vida y sean útiles para la expresión del sí-mismo.

Otro ejercicio ayudó a un joven a acceder a su energía de mago. Este joven era víctima de terribles pesadillas casi a diario. Soñaba con tornados que se dirigían hacia él. Las enormes nubes negras se le venían encima mientras se acurrucaba bajo un árbol en la parte trasera de la casa de su infancia. No tenía ni idea de lo que eso significaba. En el transcurso de la terapia, se dio cuenta de que su inconsciente, a través de esos sueños de tornados, manifestaba la rabia de su infancia. Sus padres habían sido alcohólicos y lo habían obligado a cargar con la responsabilidad de cuidar de ellos y del hogar. Además, uno de sus tíos había abusado sexualmente de él en repetidas ocasiones. Su rabia infantil era enorme y ahora se manifestaba con toda su ferocidad en sus sueños. Estas tormentas incontenibles que asolaban el interior de este joven arruinaban asimismo su vida personal y profesional. Estaba profundamente deprimido.

Dado que mostraba cierta vocación artística, su terapeuta le sugirió que hiciera un dibujo de los tornados. Acto seguido debía dibujar los tornados sobre un recipiente recubierto de plomo, de modo que su rabia girara como la bobina de un generador eléctrico. El siguiente paso era dibujar líneas eléctricas y transformadores que salieran del contenedor y llegaran hasta las farolas, las casas y las fábricas..., hasta todo aquello que necesitara esa energía.

En cuanto lo hizo, la vida del joven empezó a cambiar. Reunió las fuerzas necesarias para dejar su trabajo. Siempre había querido trabajar en el teatro infantil. De repente, casi como salidas de la nada, empezaron a llegarle ofertas de trabajos de este tipo. La tremenda energía de su rabia infantil, ahora contenida y canalizada en las «luces» y «fábricas» de su vida actual, actuaba como una central eléctrica para su nueva forma de vida. La «magia negra» de su ira salvaje y caótica era ahora la «magia blanca» de la «electricidad» que «iluminaba» su existencia.

Lo que el terapeuta había hecho al sugerir el dibujo era permitir a su paciente recurrir al mago en su plenitud para contener y canalizar las emociones primarias. Si accedemos al mago de forma adecuada, añadiremos a nuestras vidas privadas y profesionales una dimensión de clarividencia, de reflexión y de profunda comprensión de nosotros mismos y de los demás.

Igualmente, sumaremos habilidades técnicas en nuestro trabajo externo, así como en nuestro manejo interior de las fuerzas psicológicas. A medida que accedemos al mago, necesitamos regular esta energía en relación con los otros tres arquetipos, patrones de la masculinidad madura. Tal y como afirmamos con anterioridad, ninguno de ellos funciona bien por sí solo; necesitamos mezclar el mago con la preocupación del rey por la generosidad y la capacidad generativa, con la habilidad del guerrero para actuar con decisión y valentía, y finalmente, con la profunda y convencida conexión del amante con todas las cosas. Entonces estaremos utilizando nuestro conocimiento, nuestra contención y nuestra canalización de los flujos de energía en beneficio de la humanidad y quizá en beneficio de todo el planeta.

8

EL AMANTE

L as cuevas de Elefanta, situadas en una isla del mar
Arábigo frente a la costa de Bombay (India), son
espectaculares aun desde lejos. Sirvieron de escenario natural para el «templo maldito» popularizado por
Indiana Jones.[*] Están enclavadas en una ladera escarpada
y boscosa cuyos árboles descienden hasta el borde de la
orilla. Los monos corretean entre la maleza, se balancean,
aúllan y chillan entre las copas de los árboles.

Una vez dentro, estas intrincadas cavernas —que dan
cabida a un complejo de templos— despliegan un esplendor oscuro y misterioso. A la luz de cientos de velas par-
padeantes, se eleva sobre la oscuridad una enorme representación tallada en la roca del gran falo del dios indio
Siva, creador y destructor del mundo. Esta imagen es tan

---

[*] Spielberg, S. (director). (1984). *Indiana Jones and the Temple of Doom* (*Indiana Jones y el templo maldito*) (película]. Paramount Pictures; Lucasfilm.

poderosa, está tan cargada de fuerza vital para sus fieles, que día y noche la cueva-templo bulle con el trasiego de miles de peregrinos y la reverberación de sus coros y cánticos. El fiel se siente completamente fascinado por esta vivaz representación de la masculinidad divina y verbaliza un «sí» en voz baja a modo de reconocimiento y réplica.

Los antiguos griegos tenían un dios, Príapo, cuyo falo era tan largo que tenía que cargarlo en una carretilla. Los egipcios honraban al dios Osiris en la forma del pilar Dyed. En sus fiestas tradicionales de la fertilidad, los japoneses aún bailan con enormes falos artificiales que pretenden evocar los poderes procreadores de la naturaleza.

Como es bien sabido, el pene erecto es un símbolo sexual. Pero también es un símbolo de la fuerza vital en sí misma. Para los pueblos antiguos, la sangre era portadora del espíritu, de la energía, del alma. Cuando la sangre mantenía erecto el pene, representaba el espíritu encarnado. La fuerza vital —siempre divina— entraba en el mundo profano de la materia y de la vida humana. El resultado de esta unión de lo humano y lo divino, del mundo y Dios, era siempre creativo y energizante. De esta unión nacieron nuevas vidas, nuevas formas y nuevas combinaciones de oportunidades y posibilidades.

Hay muchas formas de amor. Los antiguos griegos hablaban del *agápē*, el amor no erótico, lo que la Biblia llama «amor fraternal». Se referían a *eros* tanto en el sentido estricto del amor fálico o sexual como en el sentido más amplio del amor como vinculación emocional y deseo de unión de todas las cosas. Los romanos hablaban de *amor*,[*] la completa unión de un cuerpo y su alma con otro cuerpo y su respectiva alma. Estas formas, y todas las demás formas de amor (en su mayoría variedades de estas), son la expresión viva de la energía del amante en la vida de los seres humanos.

Los junguianos suelen utilizar el nombre del dios griego Eros para hablar de la energía del amante. También emplean el término latino *libido*. Con estos términos no solamente se refieren al apetito sexual, sino al apetito general por la vida.

Creemos que el amante, se llame como se llame, es el patrón energético primigenio de lo que podríamos llamar vivacidad, vitalidad y pasión. Vive a través de las grandes ansias primigenias de nuestra especie tales como el sexo, la comida, el bienestar, la reproducción, la adaptación creativa a las dificultades de la vida y, en última instancia, el sentido de esta, sin el cual los seres humanos no pueden seguir adelante. La pulsión del amante es satisfacer esas ansias.

El arquetipo del amante es igualmente primordial para la psique porque es la energía de la sensibilidad al entorno. Expresa lo que los junguianos llaman la «función sensitiva», la función de la psique que está entrenada en todos los detalles de la experiencia sensorial, aquella que percibe los colores y las formas, los sonidos, las

---

[*] N. del T.: Los autores emplean aquí término *amor* (en cursiva) tal y como se escribe en castellano.

sensaciones táctiles y los olores. El amante asimismo supervisa las texturas cambiantes del mundo psicológico interior a medida que responde a las impresiones sensoriales entrantes. Por lo tanto, podemos entender fácilmente el valor de supervivencia que este potencial energético tenía para nuestros lejanos antepasados –parecidos a los roedores–, quienes lucharon por sobrevivir en un mundo peligroso.

Cualquiera que sea su origen primitivo, ¿cómo se manifiesta el amante en los hombres de hoy? ¿Cómo nos ayuda a sobrevivir e incluso a prosperar? ¿Cuáles son las características del amante?

El amante en su plenitud

El amante es el arquetipo del juego y de la «exhibición», de la corporeidad sana, de estar en el mundo del placer sensual y en el propio cuerpo sin vergüenza. Por consiguiente, el amante es profundamente sensual, sensualmente consciente y sensible al mundo físico en todo su esplendor. El amante está relacionado y conectado con todos los hombres, atraído hacia ellos a través de su sensibilidad, la cual lo lleva a sentirse compasiva y empáticamente unido a ellos. Para el hombre que accede al amante, todas las cosas están unidas entre sí de forma misteriosa. Ve, como decimos, «el mundo en un grano de arena».[*]

---

[*] N. del T.: Primer verso del poema titulado «Augurios de inocencia». Véase: Blake, W. (2009). Ver *Un mundo en un grano de arena (poesía)*, p. 451. Visor.

Esta es la conciencia que supo —mucho antes de la invención de la holografía— que vivimos, efectivamente, en un universo «holográfico» en el que cada parte refleja a las demás merced a una unión inmediata y empática. No es solo que la energía del amante vea el mundo en un grano de arena; siente que es así.

Un muchacho se sometió a psicoterapia por insistencia de sus padres, pues, tal y como le decían, era muy «raro». Según ellos, pasaba demasiado tiempo solo. Cuando le preguntaron por su supuesta «rareza», este chico relató que solía dar largos paseos por el bosque hasta encontrar un lugar apartado. Entonces se sentaba en el suelo a observar las hormigas y otros insectos recorrer sus tortuosos caminos a través de las briznas de yerba, las hojas caídas o cualquier otra diminuta planta del suelo forestal. Sostenía que en ese momento comenzaba a sentir cómo es el mundo para las hormigas. Se imaginaba a sí mismo como una de ellas. Podía experimentar las sensaciones de la hormiga cuando trepaba por los guijarros (para él, enormes rocas) y se balanceaba precariamente sobre los extremos de las hojas.

Lo que es aún más reseñable es que el muchacho dijo que podía sentir cómo eran los líquenes de los árboles y el musgo fresco y húmedo de los troncos caídos. Experimentaba el hambre y la alegría, el sufrimiento y la satisfacción de todo el mundo animal y vegetal.

En nuestra opinión, este chico accedía al amante de una forma poderosa; empatizaba instintivamente con el mundo que lo rodeaba. Tal vez estaba sintiendo realmente, como él creía, las experiencias reales de esos organismos.

Creemos que el hombre que accede al amante está abierto a un «inconsciente colectivo», tal vez incluso más vasto que el que propuso Jung. El inconsciente colectivo de Jung es el «inconsciente» de toda la especie humana y contiene, como él mismo dijo, los recuerdos inconscientes de todo lo que ha sucedido en la vida de todas las personas que han vivido. No obstante, si, según propuso Jung, el inconsciente colectivo parece no tener límites, ¿por qué detenerse aquí? ¿Y si el inconsciente colectivo es lo suficientemente vasto como para incluir las impresiones y sensaciones de todos los seres vivos? De hecho, tal vez incluya lo que algunos científicos denominan hoy «conciencia primaria», incluso en el caso de las plantas.

Esta idea de que hay una conciencia universal se refleja en Obi-Wan Kenobi, de la saga *La guerra de las galaxias*, que es profundamente sensible y empático con toda su galaxia y siente cualquier cambio sutil en «la fuerza». Los filósofos orientales han afirmado que somos como olas en la superficie de este vasto mar. La energía del amante tiene un contacto inmediato e íntimo con esta conexión «oceánica» subyacente.

La sensibilidad a todas las cosas internas y externas trae consigo pasión. La conexión del amante no es principalmente intelectual, más bien se trata de una conexión sentimental.

Todos nosotros sentimos los apetitos primarios de forma apasionada, al menos bajo la superficie. Sin embargo, el amante posee un profundo conocimiento de ello. Estar cerca del inconsciente significa estar cerca del «fuego»: de los fuegos de la vida y, a nivel biológico, de los fuegos de los procesos metabólicos engendradores de vida. Como todos sabemos, el amor «arde»; muchas veces está «demasiado caliente para manejarlo».

El hombre bajo la influencia del amante quiere tocar y ser tocado. Quiere tocarlo todo física y emocionalmente, e igualmente quiere ser tocado por todo. No reconoce ningún límite. Por un lado, en el contexto de sus poderosos sentimientos, quiere vivir de la conexión que siente con el mundo interior; por otro, en el contexto de sus relaciones con otras personas, quiere vivir de la conexión con el mundo exterior. En definitiva, desea vivir el mundo de la experiencia sensual en su totalidad.

Posee lo que se conoce como conciencia estética; experimenta todo, sea lo que sea, estéticamente. Para él, toda la vida es arte, y como tal evoca sentimientos sutilmente matizados. Los nómadas del Kalahari son amantes, pues están en sintonía estética con todo lo que los rodea. Ven cientos de colores en su mundo desértico, sutiles matices de luz, sombra y tono en lo que para nosotros son simplemente marrones o tostados.

La energía del amante surge del niño edípico y es también fuente de espiritualidad, especialmente de lo que llamamos misticismo. En la tradición mística —que subyace en todas las religiones del mundo—, la energía del amante, a través de los propios místicos, intuye la unidad última de todo lo que existe y busca activamente experimentar esa unidad en la vida cotidiana, mientras aún habita en el hombre mortal y limitado.

El mismo muchacho que podía imaginarse a sí mismo como una hormiga también nos informó de lo que podríamos considerar como el germen de una experiencia mística, una sensación extraña que tuvo en ciertas ocasiones durante su estancia en un campamento veraniego de la YMCA. Una vez a la semana, los asistentes al campamento eran despertados a altas horas de la madrugada y conducidos por senderos en la oscuridad más absoluta hasta llegar a un claro central. Allí asistían a una representación de canciones y danzas antiguas originarias de los nativos americanos. Este chico dijo que, a veces, mientras avanzaba serpenteando detrás de sus compañeros de cabaña, sentía el impulso casi incontrolable de abrir los brazos de par en par en la oscuridad y de volar hacia ella; sentía cómo los árboles desgarraban su «cuerpo espiritual» sin causarle dolor alguno, solo una sensación de éxtasis. Se sentía como si quisiera ser «uno» con el misterio de lo oscuramente ignoto y con el amenazador y a la vez extrañamente tranquilizador bosque nocturno. Este es exactamente el tipo de sensaciones que describen los místicos de las religiones de todo el mundo cuando hablan de su anhelo de unidad con el misterio.

Para el hombre que accede al amante, todo en la vida se experimenta —esencialmente— de esta manera. Al mismo tiempo que siente el dolor y la conmoción del mundo, siente también una gran alegría. Experimenta alegría y deleite en todas las experiencias sensoriales de la vida. Por ejemplo, es capaz de sentir la alegría de abrir un humidificador de puros y oler los aromas exóticos de las hojas de tabaco. Igualmente puede ser sensible a la música y sentir con intensidad el misterioso rasgueo del sitar indio, la extraordinariedad de una gran sinfonía o el ascético sonido amortiguado del darbuka.

Escribir puede ser una experiencia sensorial para él. Cuando hemos planteado la pregunta de por qué tantos escritores sienten la necesidad de fumar cuando se ponen delante de sus teclados, nos han contestado que es un acto relajante que facilita la captación sensorial de impresiones, sensaciones y matices en las palabras. Al hacerlo se sienten profundamente conectados con lo que llaman «la Tierra» o «el mundo». El interior y el exterior se unen en un todo continuo, y son capaces de crear.

Los idiomas —los diferentes sonidos y los sutiles significados de las palabras— se abordarán a través de la apreciación emocional del amante. Otras personas pueden aprender idiomas de forma mecánica, pero los hombres que acceden al amante los aprenden sintiéndolos.

En su caso, incluso las ideas enormemente abstractas de la filosofía, la teología o las ciencias son percibidas a través de los sentidos. Alfred North Whitehead, el gran filósofo y matemático del siglo xx, lo deja claro en sus escritos, a la vez técnicos y con un profundo tono sensitivo, incluso sensual. Un profesor de matemáticas avanzadas afirmó poder sentir —así lo describió— cómo es la «cuarta dimensión».

El hombre en contacto profundo con la energía del amante experimenta su trabajo y a las personas que trabajan con él a través de esta conciencia estética. Es capaz de «leer» a la gente como quien lee un libro. A menudo es enormemente sensible a sus cambios de humor y puede sentir sus motivaciones ocultas, lo cual puede llegar a ser una experiencia muy dolorosa.

En consecuencia, el amante no es únicamente el arquetipo de la alegría de vivir. En su capacidad para sentirse uno con los demás y con el mundo, asimismo debe sentir su dolor. Otras personas pueden evitar el dolor; sin embargo, el hombre en contacto con el amante debe soportarlo. Siente el dolor de estar vivo; y lo siente tanto por su propia vida como por la de los demás. Sirva aquí de ejemplo la imagen del llanto de Jesús —un llanto por su ciudad, Jerusalén, por sus discípulos, por toda la humanidad— y de cómo se hizo cargo de los dolores del mundo como «varón de dolores, experimentado en quebranto», en palabras de la Biblia.

Todos sabemos que el amor trae tanto dolor como alegría. Nuestra comprensión de que esto es profunda e inalterablemente cierto tiene una base arquetípica. En su famoso «Himno al amor» —en el que proclama las características del amor verdadero—, Pablo dice que «el amor todo lo soporta» y «todo lo aguanta». Y así es. Los trovadores de las postrimerías de la Edad Media en Europa cantaban canciones sobre el intenso «dolor del amor», una parte sencillamente inseparable de su poder.

El hombre bajo la influencia del amante no quiere detenerse en los límites creados socialmente; se opone a la artificialidad de tales cosas. Su vida suele ser poco convencional y «desordenada»: el taller del artista, el despacho del académico creativo, el escritorio del jefe «que no para quieto». Por ende, como el amante se opone a la «ley» en este sentido más amplio de la palabra, vemos representada en su vida de confrontación con lo convencional la vieja tensión entre sensualidad y moralidad, entre amor y deber, entre —como lo describe poéticamente Joseph Campbell— «amor y Roma»: «amor» [*] representa la experiencia apasionada, y «Roma», el deber y la responsabilidad ante la ley y el orden.

Así pues, al menos a primera vista, la energía del amante es totalmente opuesta a las demás energías del hombre maduro. Sus intereses son opuestos a los del guerrero, el mago y el rey, preocupados por los límites, la contención, el orden y la disciplina. Lo que es cierto dentro de la psique de cada hombre también lo es

---

[*] N. del T.: Los autores vuelven a emplear aquí el término *amor* (en esta ocasión entrecomillado y otra vez tal y como se escribe en castellano) en referencia a Cupido, el dios romano del deseo, el amor erótico, la atracción y el afecto, también conocido en latín como Amor.

dentro de una perspectiva panorámica de la historia y las culturas.

Contexto cultural

Este patrón de tensión entre el amante y los demás arquetipos del hombre maduro puede observarse en la historia de nuestras religiones y de las culturas que se derivan de ellas. El cristianismo, el judaísmo y el islam —las llamadas religiones morales o éticas— han perseguido al amante. El cristianismo ha difundido de forma más o menos constante que el mundo —el objeto mismo de la devoción del amante— es malo, que el señor de este mundo es Satanás y que él es la fuente de los placeres sensuales (el principal de los cuales es el sexo) que los cristianos deben evitar. La Iglesia se ha opuesto en muchas ocasiones a los artistas, a los innovadores y a los creadores. En las postrimerías del Imperio romano, cuando la Iglesia se hizo con el poder, una de las primeras cosas que hizo fue cerrar los teatros. Poco después, cerró los burdeles y prohibió la exhibición de arte pornográfico. No había lugar para el amante, al menos en su expresión erótica.

Fiel a la antigua práctica hebrea, la Iglesia también persiguió a espiritistas y videntes, personas que, al igual que los artistas, viven instalados muy cerca del inconsciente creador de imágenes y, por extensión, del amante. He aquí una fuente explicativa de las quemas de brujas de la Edad Media. Para la Iglesia, algunas de las brujas no solo eran videntes —es decir, profundamente intuitivas y sensibles a las impresiones de un mundo interior lleno de matices—, sino que también eran adoradoras de la naturaleza. Dado que la Iglesia tachaba a la naturaleza de maligna, las brujas eran consideradas adoradoras de Satán, el amante.

Hoy en día muchos cristianos siguen escandalizados por el único libro verdaderamente erótico de la Biblia: *El cantar de los cantares*. Este se compone de una serie de poemas de amor (basados en antiguos rituales cananeos de fertilidad) y es pornográfico en el mejor sentido de la palabra. Describe el amor —la unión física y espiritual— entre un hombre y una mujer. La única forma en que los cristianos moralistas pueden aceptar *El cantar de los cantares* es mediante su interpretación como una alegoría del «amor de Cristo por la Iglesia».

Los arquetipos no pueden ser desterrados ni desaparecer. El amante se introdujo de nuevo en el cristianismo en forma de misticismo, mediante imágenes románticas y sentimentales de un «Jesús dulce, sumiso y apacible», y a través del himnario.[*] Si pensamos por un momento en el trasfondo erótico de himnos como *In the Garden*, *Love Lifted Me* y *Jesus, Lover of My Soul*,[**] por mencionar solo algunos,

---

[*] N. del T.: Los autores se refieren aquí al himnario de la Iglesia protestante, mayoritaria en Estados Unidos.

[**] N. del T.: Para más información sobre estos himnos, https://hymnary.org (en inglés).

podemos ver cómo el amante tiñe con su pasión irreprensible una religión esencialmente ascética y moralista.

El amor entre el Padre y el Hijo en la doctrina de la Trinidad se describe a menudo en términos poco menos que libidinosos. Y la propia doctrina de la encarnación proclama la fecundación «histórica» que Dios hizo de una mujer de carne y hueso y, a través de su unión, la relación permanente e íntima de Dios con todos los seres humanos. La presencia del amante en la experiencia mística y el pensamiento teológico cristianos subyace a la visión ambivalente, pero no obstante sacramental, que la Iglesia tiene del universo material.

Pero a pesar de todo, la Iglesia cristiana en general ha mantenido una postura hostil hacia el amante. Tampoco le ha ido mucho mejor en el judaísmo. En el judaísmo ortodoxo, el amante, proyectado sobre la mujer, sigue siendo menospreciado. Sus libros tradicionales de oración aún incluyen, como parte del servicio matutino preliminar, la frase: «Bendito seas, Señor Dios nuestro, rey del universo, que no me has hecho mujer». En el judaísmo, según cuenta la historia, Eva fue la primera en pecar. Esta calumnia contra la mujer, y por ende contra el amante con el que ha sido vinculada, sienta las bases para la noción judía (y más tarde la cristiana y la musulmana) de la mujer como «seductora» que trabaja para distraer a los hombres piadosos de su búsqueda de la «santidad».

En el islam, las mujeres han sido notoriamente desestimadas y oprimidas. El islam es una religión de la energía ascética del guerrero. Sin embargo, incluso aquí, el amante no ha sido desterrado. El paraíso musulmán después de la muerte se muestra como un territorio del amante. En él, todo lo que el santo musulmán reprimió y todo aquello a lo que prometió renunciar en su vida terrenal le es devuelto en forma de un banquete interminable en el que es atendido por hermosas mujeres, «huríes de ojos negros».

El hinduismo es diferente; no es una religión moralista en el mismo sentido que las religiones occidentales. Su espiritualidad es mucho más estética y mística. Al mismo tiempo que celebra la unidad de todas las cosas (en Brahma) y la unidad humana con Dios (en Atman), el hinduismo se regocija en el mundo de las formas y se deleita en el reino de los sentidos.

El fiel hindú tiene muchos dioses y diosas que experimentar; muchas representaciones (figuras con una mitad animal y otra humana), colores exóticos, plantas y piedras..., todas ellas formas múltiples y sensualmente exuberantes de la deidad que está detrás y hacia la cual canalizan su infinito amor y pasión. El hinduismo celebra el aspecto erótico del amante, encarnado divinamente en el mundo por medio de su poesía amorosa sacra (el *Kamasutra*, por ejemplo) y en las formas excitantes de algunas de las esculturas de sus templos. Si se considera que el rey, el guerrero, el mago y el amante son fundamentalmente opuestos, una visita al templo hindú de Suria corregirá esta impresión. En Konark (estado de Orisa), dioses y diosas, hombres y mujeres, se exhiben en todas las posiciones sexuales imaginables, en un éxtasis de unión entre sí, con el universo y con Dios.

En relación con lo antedicho conviene citar el relato de un hombre de unos treinta años que acudió a terapia porque se sentía ahogado y estéril en su trabajo y en su vida privada. Era contable y estaba cada vez más desconectado de su labor diaria, basada en cifras y cantidades. Se sentía encorsetado por los códigos de conducta típicos de las profesiones «heterosexuales», como él las describía. Según sus propias palabras, estaba aislado de «la mugre y el fango de la vida real». Era evidente que no estaba en contacto con su amante interior.

Entonces tuvo un sueño, al que llamó «El sueño de la mujer india». En él se encontraba en la India, un lugar sobre el que nunca antes había pensado mucho. Caminaba por un suburbio infestado de ratas.

Lo primero que le llamó la atención fueron los colores: azules, naranjas, blancos, rojos y granates. Después, los olores: especias y perfumes exóticos mezclados con el hedor de los desechos humanos y la basura en descomposición. Subió por una escalera desvencijada hasta un apartamento del segundo piso. Allí se topó con una india sucia pero radiantemente hermosa vestida con harapos con la que hizo el amor encima de un colchón manchado y polvoriento que yacía sobre el suelo.

Cuando despertó, sintió una excitación, una frescura y una alegría que nunca antes había conocido. Describió su sensación como una especie de «espiritualidad». En el

sueño, había sentido la presencia de «Dios» como un ser
exótico y sensual que disfrutaba haciendo el amor junto
con él. Esto supuso una revelación: en adelante comenzó
a acceder a las energías masculinas maduras del amante,
lo que repercutió muy beneficiosamente en él y en sus
parejas sexuales.

¿Qué formas de vida manifiestan más claramente al
amante? Las principales son dos: la del artista (en sentido
amplio) y la del vidente. Pintores, músicos, poetas, escul-
tores y escritores frecuentemente «devoran» al amante. El
artista es conocido por ser sensible y sensual. Para comprobarlo, basta con observar las figuras cargadas de luz de
Gauguin, el destello de los colores usados por los impre-
sionistas, los desnudos de Goya o las esculturas de Henry
Moore. Basta con escuchar el misticismo melancólico de
las sinfonías de Mahler, el *jazz cool* de la banda Hiroshima
o los poemas sensuales y ondulantes de Wallace Stevens.
La vida íntima de los artistas suele ser —tal vez estereoti-
padamente— tormentosa, desordenada y laberíntica: llena
de altibajos, matrimonios fracasados y, a menudo, abuso
de sustancias. Viven muy cerca del ardiente poder del inconsciente creativo.

De forma similar, los auténticos videntes viven en
un mundo de sensaciones y «vibraciones», de intuiciones profundamente sentidas. Al igual que la del artista, su
mente está extraordinariamente abierta a la invasión de
ideas y sentimientos de otras personas y del turbio reino
del inconsciente colectivo. Parecen desenvolverse en un

mundo subterráneo o latente al mundo del sentido común, el de la luz del día. De ese mundo oculto perciben, usualmente en forma de palabras casi audibles, ráfagas de fuertes sentimientos, olores inexplicables, sensaciones de calor y frío inaccesibles para los demás, imágenes de gran horror y belleza, y pistas sobre lo que de veras le ocurre a la gente. Pueden incluso percibir impresiones acerca del futuro. Todos esos hombres que «leen» con éxito las cartas, las hojas de té y las palmas de las manos están accediendo al amante, que une todas las cosas bajo la superficie y aun el futuro con el presente.

El hombre de negocios que tiene «corazonadas» también está accediendo al amante. Lo mismo nos ocurre a todos cuando tenemos premoniciones e intuiciones sobre personas, situaciones o nuestro propio futuro. En esos momentos se nos revela la unidad subyacente de las cosas, incluso de forma mundana, y somos atraídos por la energía del amante, que nos conecta con realidades de las que normalmente no somos conscientes.

Cualquier proyecto artístico o creativo y casi todas las profesiones, desde la agricultura hasta la bolsa, desde la pintura de casas hasta el diseño de programas informáticos, recurren a las energías del amante para hallar esa creatividad.

La cuestión se repite en el caso de los entendidos: hombres que realmente aprecian la buena comida, el vino, el tabaco, las monedas, los artefactos antiguos y muchos otros objetos materiales. Asimismo en el de los así llamados aficionados; quienes lo son a los trenes de vapor sienten una afinidad sensual y hasta erótica por esos grandes «falos» negros y brillantes. El amante de los coches que busca un modelo de Corvette específico; el tasador de automóviles usados que se deleita con el tacto y el olor de los coches, que busca la belleza y los defectos bajo el óxido y los interiores sucios; el «fan» de un género literario o de un grupo de *rock* en particular..., todos ellos están accediendo al amante. El entendido en cafés de aroma intenso o en chocolates, el anticuario que aprecia un jarrón de la dinastía Ming y lo hace girar una y otra vez entre sus manos..., el amante se expresa a través de todos ellos. El pastor cuyos sermones están intercalados de imágenes e historias, que está, como decían los nativos americanos, «pensando con el corazón» en lugar de hacerlo solo con la cabeza. Todos nosotros, cuando dejamos de hacer y nos permitimos existir y sentir sin la presión de rendir, cuando «nos detenemos a oler las rosas»,* estamos sintiendo al amante.

Huelga decir que lo sentimos con fuerza en nuestra vida amorosa. En nuestra cultura, esta es la principal vía que tenemos para entrar en contacto con el amante. Muchos hombres viven literalmente consagrados a la emoción que conlleva «enamorarse», es decir, persiguen

---

* N. del T.: Traducción literal del dicho *stop to smell the roses*, sin parangón en castellano y de una plasticidad insuperable. Según la web https://grammarist.com, la expresión proviene de la autobiografía del golfista Walter Hagen, publicada en la década de 1960.

caer en los dominios del poder del amante. En esta conciencia extática, que alcanza hasta al más curtido de nosotros, nos deleitamos en nuestra amada y apreciamos toda la belleza de su cuerpo y de su alma. A través de nuestra unión emocional y física con ella, somos transportados a un mundo divino que por un lado es de éxtasis y placer, pero por otro es de dolor y pena. Nos unimos a los trovadores al exclamar: «¡Conozco las punzadas del amor!». Vemos y sentimos el mundo de manera distinta, más vivo, más vigoroso, más significativo, para bien y para mal. Esto es obra del amante.

Antes de pasar a hablar del lado sombrío del amante, queremos llamar la atención sobre la vieja cuestión de la monogamia frente a la poligamia y la promiscuidad. La monogamia surge de la forma de «amor»[*] en la que un hombre y una mujer se entregan el uno al otro en cuerpo y alma. Hace su aparición en el mundo mitológico a través de historias sobre el amor tales como la del dios egipcio Osiris y su esposa, Isis, o la que relata el amor entre el dios cananeo Baal y su mujer, Anat.

En la mitología hindú se narra el amor eterno entre Siva y Parvati. Y en la Biblia podemos descubrir el amor —causante de un largo sufrimiento— de Yavé por Israel, su «esposa». La monogamia sigue siendo nuestro ideal hoy en día, al menos en Occidente. Sin embargo, el amante también se expresa a través de la poligamia, la monogamia

---

[*] N. del T.: Los autores vuelven a emplear aquí el término *amor* entrecomillado y tal y como se escribe en castellano.

en serie o la promiscuidad. En la mitología, esto se muestra en el amor del hindú Krishna por las gopas, las vaqueras. Ama a cada una de ellas plenamente, con toda su infinita capacidad de amar, para que cada una se sienta absolutamente especial y valorada. En la mitología griega, Zeus tiene muchas amantes, tanto en el mundo divino como en el humano. En la historia de la humanidad, el amante se ha manifestado de esta guisa en los harenes de los reyes, vistos desde la perspectiva monógama con tanto horror y, al mismo tiempo, tanta fascinación. Se cree que el faraón egipcio Ramsés II tuvo más de cien esposas, por no hablar de innumerables concubinas. Los reyes bíblicos David y Salomón tenían grandes harenes de mujeres de enorme atractivo y, según podemos constatar en la película *El rey y yo*,[*] lo mismo sucedía con el rey de Siam. Algunos musulmanes adinerados siguen manteniendo un elevado número de esposas y concubinas. El amante se manifiesta en todos estos arreglos sociales.

El amante sombrío: el amante adicto y el amante impotente

El hombre que vive en cualquiera de los dos polos de la sombra del amante, al igual que el hombre que vive en cualquiera de las formas sombrías de las energías

---

[*] Lang, W. (director). (1956). *The King and I (El rey y yo)* (película). 20th Century Fox.

masculinas, está poseído por la misma energía que podría ser una fuente de vida y bienestar para él, si se accede a ella adecuadamente. Sin embargo, mientras esté poseído por *el amante sombrío*, la energía lo destruirá a él y a los que lo rodean.

La pregunta más contundente y urgente que se hace un hombre identificado con *el amante adicto* es: «¿Por qué debería poner límites a mi experiencia sensual y sexual en este vasto mundo, si este encierra placeres ilimitados para mí?».

¿Cómo hace el adicto para poseer a un hombre? La característica principal y más inquietante del amante sombrío es su extravío, que se manifiesta de varias maneras. Un hombre poseído por el amante sombrío se pierde en un océano de sentidos, no solamente en «puestas de sol» o «ensoñaciones». Las más leves impresiones del mundo exterior bastan para descentrarlo. Se ve arrastrado por la soledad del silbido de un tren en la noche, por la devastación emocional de una pelea en la oficina, por los halagos de las mujeres que se encuentra en la calle. Empujado primero en una dirección y luego en otra, no es dueño de su destino, sino que se convierte en víctima de su propia sensibilidad. Se enreda en un mundo de imágenes, sonidos, olores y sensaciones táctiles. Esto puede retrotraernos hasta los tiempos del pintor Van Gogh, quien se perdía en su pintura, en sus lienzos y en el violento dinamismo de las estrellas nocturnas que representaba.

Un caso relacionado es el de un hombre terriblemente sensible que no toleraba la menor luz en su habitación por la noche. También se volvía loco a causa de los ruidos que llegaban de los otros apartamentos de su edificio. Y era una gran promesa de la composición musical: no podía evitar tener melodías y letras *in mente*; estas eran literalmente audibles. En un intento desesperado por mantener su vida mínimamente estructurada, escribió cientos de notas recordatorias para él mismo y las pegó por todo el apartamento: en los espejos, encima de la cama, en la mesa de café, en los marcos de las puertas. Preso del frenesí, corría de una nota a otra mientras trataba delirantemente de cumplir con todas sus tareas. Su vida era un caos de hipersensibilidad. Estaba perdido en sus propios sentidos.

Otro hombre estudiaba hebreo en la escuela nocturna. Poseído por el amante adicto, se acercaba a la lengua sensualmente, se deleitaba con cada uno de los extraños caracteres y sentía profundamente cada sonido y los sutiles matices de las palabras. Al final llegó a un punto en el que estaba totalmente absorbido por sus sentimientos y no podía continuar con su aprendizaje; era incapaz de lograr el desapego necesario para memorizar. Perdió la energía requerida para asimilar una sola palabra más. Y, si bien había empezado entre los mejores de la clase, pronto cayó al último puesto. No controlaba ni dominaba la lengua; al contrario, esta lo controlaba a él. Se convirtió en un adicto al hebreo, una víctima de los sentimientos que encontraba en él, y se perdió.

El tercer caso es el de un hombre que demostraba sentir un amor por los coches antiguos que superaba sus ingresos. Sentía la tentación una y otra vez, «perdido» en su reluciente belleza, sin darse cuenta de la sangría que aquello suponía para su economía. Hasta que llegó el día en que la «dura realidad» llamó a su puerta y descubrió que estaba en bancarrota. Entonces tuvo que vender sus coches queridos para mantenerse a flote.

Cuarto ejemplo: el de un artista que tomó el poco dinero restante que tenía en casa, el dinero que su mujer necesitaba para comprar la leche de fórmula que necesitarían sus dos hijos la semana siguiente, y se lo gastó en lápices pastel y de cera para el proyecto artístico en el que estaba trabajando. Amaba a su mujer y a sus hijos, pero, como él afirmaba, se sentía absolutamente obligado a expresar su arte. Se perdió en él y, finalmente, perdió a su familia.

Hay otras historias de las llamadas personalidades adictivas: individuos que no pueden dejar de comer, beber, fumar o consumir drogas. Un joven fumador empedernido fue advertido por su médico de que dejara de fumar si no quería contraer cáncer de pulmón (ya mostraba los primeros síntomas). Deseaba vivir, pero era sencillamente incapaz de dejarlo; disfrutaba demasiado de la sensual satisfacción de los cigarrillos. Falleció sin dejarlo hasta el final, perdido en la adicción química y emocional del tabaco.

Esta pérdida se manifiesta también en la forma en que el adicto vive únicamente para el placer del momento y nos encierra en una red de inmovilidad de la que no podemos escapar, lo que el teólogo Reinhold Niebuhr denominó «el pecado de la sensualidad». A este mismo concepto se referían los hindúes cuando hablaban de *maya*: la danza de la ilusión, la danza embriagadora (adictiva) de las cosas sensuales que encanta y embelesa la mente, que nos atrapa en los ciclos del placer y el dolor.

Lo que ocurre cuando estamos atrapados en el fuego del amor, cuando ardemos en la agonía y el éxtasis de nuestros propios anhelos, es que somos incapaces de desdoblarnos, de dar un paso atrás, de actuar. Como decimos nosotros, somos incapaces de «volver a nosotros mismos», incapaces de desapegarnos y tomar distancia de nuestros sentimientos. Muchas son las vidas que se arruinan porque la gente no puede librarse de matrimonios y relaciones destructivas. Siempre que nos sintamos atrapados en una relación adictiva, será mejor que tengamos cuidado, porque las probabilidades de que nos hayamos convertido en víctimas del amante sombrío son altísimas.

En su extravío –interno y externo–, la víctima del polo activo del amante sombrío está eternamente inquieta: el hombre que siempre está buscando algo. No sabe lo que busca, pero es el vaquero que al final de la película cabalga solo hacia el atardecer en pos de otra emoción, de otra aventura, incapaz de asentarse. Tiene un hambre insaciable de experimentar algo impreciso que está al otro lado de la colina. Está obligado a ampliar las fronteras no de su conocimiento (porque eso sería liberador para él) sino de su sensualidad, sin importar el coste para el hombre mortal que necesita desesperadamente, como todos los hombres mortales, la felicidad meramente terrenal. Otros ejemplos son James Bond e Indiana Jones, que aman y se marchan para volver a amar y... marcharse de nuevo después.

Podemos advertir aquí el síndrome de don Juan y retomar el tema de la monogamia/promiscuidad. La monogamia (aunque no de un modo sencillo) puede verse como el producto del propio arraigo y centralidad de un hombre. Está limitado, no por reglas externas, sino por sus propias estructuras internas, su propio sentido del bienestar y la calma masculinos, y su propia alegría interior. No obstante, el hombre que se entrega continuamente a distintas mujeres, el mismo que busca compulsivamente algo que es incapaz de definir, es un hombre cuyas estructuras internas aún no se han solidificado. Puesto que él mismo no está centrado sino internamente fragmentado, se ve empujado y arrastrado por la totalidad ilusoria que cree que hay ahí fuera, en el mundo de las formas femeninas y las experiencias sensuales.

Para el adicto, el mundo se presenta bajo el aspecto de tentadores fragmentos de un todo perdido. Atrapado en las «miríadas de formas», como dicen los hindúes, no puede encontrar la unidad que le aportaría calma y estabilidad. Viviendo en el lado finito del prisma, solo puede experimentar la luz en las resplandecientes pero fracturadas tonalidades del arcoíris.

Esta es otra forma de referirse a lo que las religiones antiguas llamaban idolatría. El amante adicto inviste inconscientemente los fragmentos finitos de su experiencia con el poder de la unidad, la cual él nunca podrá experimentar. Una vez más, esto se manifiesta en el interesante fenómeno de las colecciones de pornografía. Los hombres poseídos por la energía fragmentadora del adicto en muchas ocasiones amasan enormes colecciones de fotografías de mujeres desnudas y luego las ordenan en categorías: «pechos», «piernas», etc. Después colocan los «pechos» uno al lado del otro y se deleitan en su comparación. Y lo mismo harán con las «piernas» y otras partes de la anatomía femenina. Se maravillan de la belleza de las partes, pero no pueden experimentar a una mujer como un ser completo física o psicológicamente, y ciertamente no como una unidad de cuerpo y alma, una persona completa con la que podrían tener una relación íntima y humana.

Esta idolatría oculta una infatuación inconsciente, pues el hombre mortal que presenta este estado de ánimo está experimentando estas imágenes en la infinita sensualidad del dios que las creó en toda su variedad, el mismo que se deleita tanto en los fragmentos de su creación como en el todo que forman. Este hombre, capturado por el amante adicto, se está identificando inconscientemente con Dios como amante.

La inquietud del hombre bajo el poder del adicto es una expresión de su búsqueda de una salida a esa tela de araña. El hombre atrapado en la red de *maya* se retuerce y gira, lucha frenéticamente por encontrar una salida del mundo. «Detengan el mundo. ¡Me quiero bajar!». Pero en lugar de tomar el único camino que hay, lucha y empeora su desdicha. Se revuelve en arenas movedizas y se hunde cada vez más.

Esto sucede porque lo que él piensa que es la salida en realidad es una vía directa al hoyo. Lo que el adicto está buscando (aunque no lo sepa) es el «orgasmo» definitivo e insuperable, el «subidón» definitivo e insuperable. Por eso cabalga de pueblo en pueblo y de aventura en aventura. Por eso va de una mujer a otra. Cada vez que su mujer lo confronta con su mortalidad, su finitud, su debilidad y sus limitaciones, cada vez que lo despierta de este modo de su sueño de encontrar esta vez el orgasmo infinito —en otras palabras, cuando se empaña la excitación que produce la ilusión de una unión perfecta con ella, con el mundo, con Dios—, ensilla su caballo y sale en busca de la renovación de su éxtasis. Necesita su «dosis» de alegría masculina. Realmente la necesita; solo que no sabe dónde buscarla. Acaba por buscar su «espiritualidad» en una raya de cocaína.

Los psicólogos se refieren a las cuestiones derivadas de la posesión de un hombre por el amante adicto como «problemas para fijar barreras», ya que para tal hombre estas no existen. Como ya hemos mencionado, el amante no quiere ser limitado. Si llegamos a ser poseídos por él, no podremos soportar ser limitados.

El hombre poseído por el amante adicto en realidad
está preso del inconsciente, es decir, de su propio inconsciente y del inconsciente colectivo, que lo abruma como
si lo abrumase el mar. Un hombre tenía un sueño recurrente en el que corría por las calles de Chicago para esconderse detrás de los rascacielos, pues se había formado
una ola kilométrica en el lago Míchigan y en su despla-
zamiento hacia la costa amenazaba con inundar la Torre
Sears.* Su descanso se veía perturbado cada noche no solo
por este sueño, sino por una «riada» de ellos. Resultó que
no disponía de suficientes barreras entre su ego consciente y la fuerza avasalladora del inconsciente.

El hecho de que el inconsciente se le apareciese
como un maremoto procedente del lago (¡recordemos
al aprendiz de brujo!) concuerda muy bien con la imagen
universal del inconsciente como la «profundidad» caótica
de la Biblia, el océano primigenio de los antiguos mitos
de la creación del que surgió el mundo masculino de la
estructura. A tenor de lo que señalamos anteriormente,
este caos oceánico –el inconsciente– se presenta como femenino en el imaginario de muchas mitologías; es la madre, y representa la sensación claustrofóbica que padece
el bebé al fusionarse con ella. En realidad, el soñador del
maremoto se sentía amenazado por la fuerza abrumadora de sus problemas no resueltos con la madre. Necesitaba desarrollar las estructuras de su ego masculino fuera

* N. del T.: Su nombre actual es Torre Willis.

del inconsciente «femenino», regresar a la etapa del héroe propia del desarrollo masculino y matar al dragón de su sobreconexión con su madre mortal y con la de aquel «¡Dios, todopoderosa madre!».*

Esto es exactamente lo que el adicto nos impide hacer. Se opone a las barreras. Pero estas, construidas con heroico esfuerzo, son exactamente lo que más precisa un hombre poseído por él. No necesita más unidad con todas las cosas, ya tiene de sobra. Lo que necesita es distancia y desapego.

Podemos observar cómo el amante sombrío –esto es, el amante adicto– arrastra de la infancia a la edad adulta la absorción del niño de mamá por parte de la madre. El hombre bajo el poder del adicto está todavía dentro de la madre y lucha por salir. Hay una escena fascinante en la película *Mishima*** en la que el joven que da nombre al título del filme se siente provocado hasta la obsesión por la imagen de un templo dorado (la madre, el inconsciente). Para él es tan bello que resulta doloroso. Su representación llega a ser tan lacerante que, para liberarse de ella, debe quemarla; ha de destruir la incitadora y encantadora belleza «femenina», pues, de no hacerlo, esta lo apartaría de su hombría. Y así lo hace.

Esta necesidad de contener el poder caótico del inconsciente «femenino» y a la vez distanciarse de él, también

---

* N. del T.: Los autores se refieren al caso que aparece en la página 74.

** Schrader, P. (Director) (1985). *Mishima* [Mishima: Una vida en cuatro capítulos] (Película). Zoetrope Studios; Filmlink International.

puede explicar en gran medida nuestras perversiones sexuales masculinas, especialmente las que se manifiestan
en el *bondage* y en la humillación sexual violenta de las mujeres. Podemos interpretar estos actos repulsivos como
intentos —semejantes a los de Mishima— de «amarrar»
o repudiar la abrumadora potencia que el inconsciente
ejerce en nuestras vidas, y así lograr desempoderarlo.

Si el deseo del niño de mamá es tocar aquello que
está prohibido tocar —es decir, tocar a la madre— y cruzar
los límites que él considera artificiales —en última instancia, el tabú del incesto—, el adicto, que surge del niño de
mamá, debe aprender por las malas la utilidad de las barreras. Ha de aprender que su falta de estructura masculina, su falta de disciplina, sus aventuras y sus problemas
con la autoridad harán que se ponga inevitablemente en
situaciones comprometidas. Lo despedirán de su trabajo y
su mujer, que lo quiere mucho, acabará por abandonarlo.

¿Qué ocurre si sentimos que no estamos en contacto
con el amante en su plenitud? Entonces estaremos poseídos por *el amante impotente*; viviremos nuestra vida desa-
pasionadamente. «Sentiremos» la esterilidad y el constre-
ñimiento de los que hablaba el contable. Describiremos
síntomas que los psicólogos denominan «afecto aplana-
do»: falta de entusiasmo, vivacidad y vitalidad. Nos sentiremos aburridos y apáticos. Puede que nos cueste levan-
tarnos por la mañana y acostarnos por la noche. Es posible
que hablemos de manera monótona. Puede suceder que
nos encontremos cada vez más alejados de nuestra familia,

nuestros compañeros de trabajo y nuestros amigos. O que sintamos hambre pero nos genere repulsa la idea de ingerir alimentos. Todo puede empezar a parecerse a ese pasaje bíblico del Eclesiastés que declara: «Todo es vanidad y correr tras el viento» y «No hay nada nuevo bajo el sol». En resumen: nos sumiremos en la depresión.

Las personas habitualmente poseídas por el amante impotente sufren depresión crónica. Sienten una falta de conexión con los demás y un distanciamiento respecto de ellas mismas. Esto lo vemos con frecuencia en terapia. El terapeuta notará, ya por la expresión facial del paciente, ya por su lenguaje corporal, que algún sentimiento intenta manifestarse. No obstante, si le preguntamos al paciente qué siente, no tendrá ni idea. Puede que diga algo como: «No lo sé. Siento que hay una especie de niebla. Todo está borroso». Esto suele ocurrir cuando se acerca demasiado a cuestiones muy «calientes». Lo que ocurre en estos casos es que se alza un escudo entre el ego consciente y el sentimiento. Ese escudo es la depresión.

Esta desconexión puede alcanzar proporciones graves conocidas en psicología como «fenómenos disociativos», unos estados que pueden propiciar que (entre otras cosas) el paciente empiece a hablar de sí mismo en tercera persona. En lugar de decir «siento» esto o aquello, dirá «John siente esto». Puede percibirse a sí mismo como irreal, su vida puede parecerle una película en la que él es un espectador. Estos hombres están grave y peligrosamente poseídos por el amante impotente.

Todos sabemos que cuando estamos deprimidos carecemos de motivación para hacer las cosas que deseamos o tenemos que hacer. Esto les ocurre con asiduidad a las personas mayores. Sus problemas físicos, el aislamiento y la falta de trabajo útil las sumen en la depresión. Las ganas de vivir desaparecen. El amante no da señales de hallarse en lugar alguno. Muy pronto, estos ancianos dejan de prepararse la comida. Sienten que no hay nada por lo que vivir. La Biblia dice que «sin visión de futuro, el pueblo perece». Y es precisamente cuando la gente es incapaz de formarse una imagen mental del amante y de asociarla con su visión de futuro cuando perece.

Sin embargo, no es únicamente la falta de visión de futuro lo que indica la presencia del poder opresivo del amante impotente en la vida de un hombre. La ausencia de un pene erecto y presto para la acción igualmente lo es. La vida sexual de un hombre en estas circunstancias se estanca; se trata de una persona sexualmente inactiva. Esta inacción sexual puede deberse a varios factores, a saber: uno, a la falta de placer y el aburrimiento que experimenta con su pareja; dos, a la ira reprimida que subyace a su relación; tres, a la tensión y el estrés en el trabajo; cuatro, a las preocupaciones económicas, y cinco, a la sensación de castración generada por lo femenino o por otros hombres de su entorno. Conjuntamente con el amante impotente, este hombre o bien se ha retrotraído hasta la niñez presexual, o bien está devorando al guerrero o al mago..., e incluso puede que se produzca una combinación de las tres situaciones. Tanto su sexualidad como su sensualidad se han visto desbordadas por ciertas preocupaciones. A medida que su pareja sexual se vuelve más exigente, él se repliega aún más en el polo pasivo de la sombra del amante. Llegados a este punto, el polo opuesto de la sombra arquetípica puede «rescatarlo» con un impulso para que se una a la cruzada del adicto: la de la perfecta satisfacción de su sexualidad más allá del mundo terrenal que representa su relación sentimental principal.

El acceso al amante

Si accedemos adecuadamente al amante al mismo tiempo que mantenemos firmes nuestras estructuras del ego, nos sentiremos correspondidos, conectados, vivos, entusiastas, compasivos, empáticos, llenos de energía y románticos en lo que a nuestras vidas, objetivos, trabajos y logros se refiere. El correcto acceso al amante nos otorga un sentido o aquello que hasta tiempos recientes hemos llamado espiritualidad. El amante es la fuente de nuestros anhelos de un mundo mejor para nosotros y para los demás. Él es el idealista y el soñador. Él es quien desea que nos sucedan muchas cosas positivas. «He venido a traeros vida para que la tengáis en abundancia», dice el amante.

Él mantiene a las otras energías masculinas ancladas a la humanidad, al cariño, a la asociación entre semejantes y a la realidad de los seres humanos que luchan en un mundo difícil. El rey, el guerrero y el mago, conforme ya hemos apuntado, armonizan bastante bien entre sí. Y lo hacen porque sin el amante todos ellos están esencialmente desvinculados de la vida. Necesitan al amante para que les dé energía, los humanice y les proporcione su meta final: el amor. Necesitan al amante para no volverse sádicos.

El amante también los necesita a ellos. Sin barrera alguna, en su caos de sentimientos y sensualidad, le hace falta el rey para que este defina sus límites, le dé una estructura y ordene ese caos para poder canalizarlo creativamente. Sin límites, la energía del amante se vuelve negativa y destructiva. El amante necesita al guerrero para poder actuar con decisión, para desconectarse —gracias al corte limpio de su espada— de la red de sensualidad inmovilizadora; lo necesita para destruir el templo dorado que alimenta su obsesión. Igualmente precisa que el mago lo ayude a alejarse del efecto trampa de sus emociones. Así podrá reflexionar, obtener una perspectiva más objetiva de las cosas y desconectar, todo ello en su justa medida para que pueda formarse una imagen general de su entorno y experimentar la realidad que hay debajo de lo aparente.

Por desgracia, los ataques a nuestra vitalidad y a nuestro «brillo» son incesantes y llegan temprano a nuestras vidas. Es posible que muchos de nosotros hayamos reprimido tanto al amante que llevamos dentro que nos resulte muy difícil sentir pasión por algo en nuestro día a día.

El problema de la mayoría de nosotros no es que sintamos demasiada pasión, sino que apenas sentimos alguna. Nos creemos incapaces de vivir nuestras vidas, de cumplir con los planes que trazamos cuando apenas habíamos comenzado nuestra andadura. Hasta podemos llegar a pensar que los sentimientos y, en particular, los nuestros, son inapropiados para un hombre o una mera carga molesta. Pero ¡no renunciemos a nuestra vida!

Encontremos la espontaneidad y la alegría de vivir en nuestro interior. Si vivimos nuestra vida más plenamente incitaremos a otros a disfrutar de la suya, quizá por primera vez en su vida.

Conclusión

EL ACCESO A LOS PODERES ARQUETÍPICOS DEL HOMBRE MADURO

Cuando *El señor de las moscas*, la novela clásica de William Golding sobre unos colegiales ingleses varados en una isla tropical, fue recientemente re-adaptada al cine,* los críticos de la nueva película pusieron en entredicho que se rehiciera el argumento. Aunque puede que esta última versión fílmica de la historia de Golding no haya alcanzado las más altas cotas cinematográficas, en respuesta a ese recelo crítico se debe alegar que esta obra, en cualquiera de sus formas, habla de manera directa y poderosa sobre la situación de los seres humanos en este planeta.

---

* Hook, H. (Director) (1990). *The Lord of the Flies* (*El señor de las moscas*) (película). Castle Rock Entertainment; Nelson Entertainment.

Puede que nunca haya habido una época en la que los arquetipos del hombre maduro (o de la mujer madura) predominaran entre los seres humanos. Da la impresión de que, como especie, vivimos bajo la maldición del infantilismo, y quizá siempre hayamos vivido de este modo. Tanto es así que el patriarcado es de veras un «puerarcado» (es decir, un gobierno de los niños) y tal vez nuestro mundo siempre se haya asemejado bastante a la isla de Golding. Pero al menos solía haber estructuras y sistemas —rituales— para evocar un mayor nivel de madurez masculina del que parece ser la norma en nuestro actual mundo antisistemático, antirritualista y antisimbolista. En cualquier caso, hubo un tiempo en el que existieron reyes sagrados: en aquel entonces los hombres del reino podían proyectar sobre ellos su rey interior y así activar esta forma de energía masculina indirectamente en ellos mismos. Ciertamente, para bien y para mal, antes la energía del guerrero era activa y eficaz en la configuración de la vida de los hombres y de las civilizaciones que construyeron. Y, si bien siempre fue prerrogativa de unos pocos, el mago estaba disponible para ayudar a los hombres individualmente con sus problemas vitales y para proporcionarle a la sociedad cierto control sobre el impredecible mundo de la naturaleza. El amante también era tenido en gran estima en las culturas que alababan a videntes y profetas tanto como a pintores rupestres y poetas.

Todo eso ha cambiado. En la actualidad, la riqueza y el engrandecimiento personales son moneda corriente.

Sin embargo, el nuestro es un mundo que necesita las energías masculinas maduras con más urgencia que nunca antes en la historia de la humanidad. No deja de ser una extraña ironía que, justo en el momento en que toda la civilización parece acercarse a su mayor iniciación —el paso de un modo de vida tribal y fragmentado a una vida más plena y universal—, los procesos rituales para convertir a los niños en hombres prácticamente hayan desaparecido del planeta. Precisamente cuando más necesario es para nuestra supervivencia que la inmadurez sea sustituida por la madurez —esto es, que los niños se conviertan en hombres y las niñas en mujeres, y que el orgullo sea sustituido por verdadera grandeza—, nos vemos de nuevo empujados a recurrir a nuestros propios recursos internos masculinos, a luchar prácticamente solos por un futuro más sensato que nos favorezca tanto a nosotros como al mundo que nos rodea.

Tal vez las cosas deban ser así. El proceso evolutivo ha dispuesto los poderosos recursos de los cuatro arquetipos masculinos en el interior de cada hombre y ha recurrido a ellos en diferentes periodos de la historia de la humanidad para resolver arduos problemas y osar acometer empresas inimaginables, a saber: crear leyes a partir del caos, estimular los estallidos de creatividad y las capacidades generativas (gracias a los cuales se formaron las primeras civilizaciones), adquirir ciertas habilidades para administrar nuestros recursos internos y los recursos externos de la naturaleza y, finalmente, estimular la asociación y la tierna gratitud. Quizá este proceso de crecimiento de nuestra especie también haya dispuesto la interiorización y psicologización radicales de estas fuerzas en el hombre moderno.

Si la nuestra es una época de individualismo tanto en el sentido más profundo como en el más superficial, ¡seamos individuos! Criemos y acojamos a los grandes individuos, hombres que, con la benevolencia de los antiguos reyes, el valor y la decisión de los antiguos guerreros, la sabiduría de los magos y la pasión de los amantes, asumirán con energía el reto de salvar un mundo que se ha derrumbado ante nosotros. No cabe duda de que hay necesidades mundiales y trabajo suficiente para mantener ocupados a todos los hombres en tiempos venideros.

Nuestra eficacia a la hora de afrontar estos retos está directamente relacionada con la forma en que nosotros los varones afrontamos los retos de nuestra propia inmadurez. El nivel de éxito o fracaso con el que seamos capaces de pasar de ser individuos que viven sus vidas bajo el poder de la psicología del niño a verdaderos varones guiados por los arquetipos de la psicología del hombre tendrá un efecto decisivo en el desenlace de nuestra actual situación mundial.

Técnicas

En este breve libro hemos esbozado las dimensiones del problema. Hemos delineado las formas energéticas maduras e inmaduras y mostrado en líneas generales cómo interactúan entre sí y cómo se originan unas a otras, en sus formas sombrías y en sus plenitudes.

Igualmente, hemos mencionado algunas técnicas para acceder a ellas. En las próximas páginas examinaremos más detenidamente algunas de estas técnicas para reconectar de manera adecuada con los arquetipos de la madurez masculina.

El primer paso que debemos dar todos y cada uno de nosotros es la autoevaluación crítica. Hemos afirmado que no tiene ninguna utilidad preguntarnos *si* los lados negativos o sombríos de los arquetipos están mostrándose en nuestras vidas, pues la pregunta realista y honesta que debemos hacernos es *cómo* se están manifestando. Recordemos que la clave de la madurez, la clave para pasar de la psicología del niño a la psicología del hombre, es llegar a ser humildes, dejarse asir por la humildad. *Humildad* no es sinónimo de humillación; no estamos pidiendo a ningún hombre que se someta a ninguna humillación cometida por él mismo o a manos de otros…, no, ¡ni mucho menos! Pero todos necesitamos ser humildes. Recordemos que la verdadera humildad consiste en dos cosas: la primera es conocer nuestras limitaciones; la segunda, obtener la ayuda que necesitamos.

Partiendo sobre la base de que a todos nos vendría bien algo de ayuda, veamos ahora cuatro técnicas importantes para acceder a los recursos positivos que echamos en falta en nuestras vidas.

◆ *Diálogo de imaginación activa*

En la primera de estas técnicas, llamada en psicología diálogo de imaginación activa, el ego consciente establece un diálogo con varias entidades inconscientes que hay en nuestro interior, esto es, otras conciencias lúcidas y otros puntos de vista. Detrás de estos diferentes puntos de vista, a veces veladamente, se encuentran los arquetipos en sus formas positivas y negativas. De todos modos, todos dialogamos con nosotros mismos, pero solemos hacerlo de manera ineficaz, por ejemplo cuando «hablamos solos». Como dice el chiste: «Está bien hablar con uno mismo... siempre y cuando no conteste». Pero *sí* nos respondemos. Y lo hacemos todo el tiempo. A veces nos respondemos verbalmente, en voz alta, otras en nuestra cabeza. En muchas ocasiones, sin embargo, nos contestamos a nosotros mismos a través de los acontecimientos y las personas que «intervienen» en nuestras vidas sin que nuestra voluntad o nuestra intención consciente así lo dispongan. También nos contestamos cuando adoptamos un punto de vista o una actitud que aborrecemos conscientemente.

No hay un solo hombre que no haya vivido la experiencia de ensayar lo que va a decir y hacer, por ejemplo antes de entrar en una reunión importante o antes de ir a desahogarse al taller de reparaciones como protesta por un trabajo deficiente... y luego hacer y decir otra cosa. Para la reunión, el plan era mantener la calma y exponer con serenidad y firmeza nuestro punto de vista. En cambio, en cuanto los demás empezaron a mostrar su disgusto, nos sentimos inesperadamente molestos e intentamos eclipsar a nuestros oponentes. Ya en el taller, la perorata fue interrumpida por un recepcionista sorprendentemente simpático con el que terminamos por mostrarnos afables cuando sabíamos que no hacía más que bailarnos el agua. (Ya hace dos mil años, Pablo, muy frustrado, se hizo la siguiente pregunta: «¿Por qué hago las cosas que no quiero hacer y, por el contrario, soy incapaz de llevar a cabo aquellas que sí quiero hacer?»). Una vez terminada la escena, sea la que sea, nos decimos a nosotros mismos: «¡No sé qué me pasó!».

Lo que nos sobrevino, lo que cambió nuestras palabras y comportamientos previstos, es lo que la psicología llama un complejo autónomo; y, detrás de él, lo que llamamos un polo de una sombra arquetípica bipolar. Vale la pena enfrentarse a estas formas de energía rebeldes y a menudo negativas antes de que nos hagan decir y hacer cosas de las que nos arrepintamos.

El diálogo de imaginación activa es una técnica importante para poder de veras mantener conversaciones, intervenir en juntas directivas o atender conferencias telefónicas con estas formas de energía que exhiben nuestros rostros pero que son intemporales y universales. En el diálogo de imaginación activa hablamos con ellas, contactamos con una o varias y les damos nuestro punto de vista. A continuación, escuchamos las respuestas. Frecuentemente es mejor hacerlo sobre el papel, pues conviene anotar tanto las ideas y los sentimientos del ego como los del «oponente» tal y como se manifiestan, sin censurarlos. Como en cualquier junta directiva que se precie, al menos tenemos que ponernos de acuerdo en que no estamos de acuerdo. En circunstancias extremadamente hostiles, necesitamos llegar a una simple tregua, si es posible, cuando menos de forma provisional. Como mínimo, este tipo de ejercicio nos ayudará a tantear a la oposición y a colocar la mayoría de las cartas bocarriba sobre la mesa. Hombre prevenido vale por dos.

Este ejercicio puede parecer extraño al principio. No obstante, por lo general basta con dedicarle unos breves momentos a la escritura para descubrir la realidad de los otros puntos de vista dentro de la psique de cada uno. Al principio puede ocurrir que te quedes en blanco. Sin embargo, si persistes en hablar contigo mismo, al final obtendrás respuesta. Las respuestas pueden ser alarmantes o tal vez tranquilizadoras. Lo que es seguro es que llegarán.

Una advertencia: si en el curso de este ejercicio te encuentras con una presencia realmente hostil –lo que algunos psicólogos llaman un perseguidor interior–, interrumpe el ejercicio y consulta a un buen terapeuta. La mayoría de nosotros probablemente tenemos perseguidores y ayudantes internos. No obstante, el perseguidor puede llegar a ser tan despiadado que necesitarás apoyo para continuar con el diálogo. Si sospechas que te vas a encontrar con uno de ellos, lo mejor será que invoques una forma de energía arquetípica positiva antes incluso de iniciar ese diálogo. (En el siguiente apartado trataremos el tema de la invocación). Una nota más: puede que entres en contacto con más de un punto de vista. Trata el diálogo, pues, como si estuvieras en una junta directiva y escucha lo que todos tienen que decir.

Lo que sigue es un ejemplo de ejercicio de diálogo de imaginación activa. El hombre que mantuvo este diálogo con uno de sus complejos (el embaucador) había tenido muchos problemas en el trabajo porque se veía incapaz de contener sus comentarios críticos —la mayoría basados en observaciones acertadas— sobre la incompetencia de la dirección.

Ridiculizaba a su jefe delante de sus colegas, era incapaz de llegar a tiempo al trabajo y no podía contener su incomodidad y disgusto en las reuniones, como tampoco, ocasionalmente, en discusiones cara a cara con su supervisor. Lo que transcribimos a continuación es lo que ocurrió cuando se sentó para intentar ponerse en contacto con lo que fuera que le estaba provocando ese comportamiento.

EGO: ¿Quién eres? [Pausa]. ¿Quién eres tú? [Pausa]. ¿Qué quieres? [Pausa larga]. Quienquiera que seas, me estás metiendo en problemas.

EMBAUCADOR: ¿No es interesante?

EGO: Oh, así que *hay* alguien allí.

EMBAUCADOR: No te hagas el listillo. Claro que hay alguien aquí. Ojalá pudiera decir lo mismo de ti. ¡Que estás en la inopia!

EGO: ¿Qué es lo que quieres de mí?

EMBAUCADOR: Bueno, déjame pensarlo. [Pausa]. Ya sabes lo que quiero, idiota. Quiero hacerte la vida imposible.

EGO: ¿Por qué?

EMBAUCADOR: ¿Por qué? [Burlándose]. Porque es divertido. Te crees muy *cool*. Imagínate si te despiden. Eso sí que sería divertido.

EGO: ¿Quién eres tú?

EMBAUCADOR: Mi nombre no es importante. Lo importante es que estoy aquí.

EGO: ¿Por qué quieres hacerme la vida imposible? ¿Por qué es divertido para ti?

EMBAUCADOR: Porque te mereces una vida miserable. *Yo* soy miserable.

EGO: ¿Por qué eres miserable?

EMBAUCADOR: Por lo que me has hecho.

EGO: ¡¿*Yo* a *ti*?!

EMBAUCADOR: Sí, imbécil.

EGO: ¿Qué te he hecho yo a ti?

EMBAUCADOR: No te importo, así que no finjas que te importo.

EGO: Sí me importas. Quiero interesarme por ti.

EMBAUCADOR: Sí, porque estás incómodo.

EGO: Así es. Tú y yo tenemos que arreglar las cosas entre nosotros.

EMBAUCADOR: No, no tenemos que hacerlo. Solo tienes que ser despedido.

EGO: No dejaré que hagas que me despidan.

EMBAUCADOR: ¡Intenta detenerme!

Después de añadir algunas acusaciones mutuas y expresiones de desconfianza, el ego del hombre y esta figura interior, el arquetipo del embaucador bajo el aspecto de la propia identidad personal sombría del hombre, iniciaron una conversación seria:

EMBAUCADOR: Menosprecias tus verdaderos sentimientos sobre las cosas..., todos tus sentimientos. Eres un cobarde. Yo *soy* tus sentimientos, tus *verdaderos* sentimientos. ¡A veces quiero enfadarme y otras alegrarme de veras! Y tú solo te quedas ahí parado mientras finges ser superior. Cualquier superioridad que tengas está en mí. ¡Yo soy tú realmente!

EGO: Quiero ser tu amigo. Y... necesito que seas mi amigo. Tú no eres yo. Tengo mi propio punto de vista, y necesito que lo escuches. Pero pasaré página de verdad. Al mismo tiempo, no puedo dejar que se te escape cualquier comentario en el trabajo. Si yo paso hambre, tú también. Estamos juntos en esto, ¿sabes?

EMBAUCADOR: De acuerdo. Pero vas a tener que prestarme atención. Se acercan las vacaciones y quiero ir a algún sitio este año. ¡Vino, mujeres, música! Así que vas a tener que comprar ropa y un billete a algún sitio... ¡Me gustaría ir al trópico! Y algo más, no te alarmes: ¡quiero acostarme con alguien!

EGO: Trato hecho. Y tú me quitas la presión en el trabajo, o estaremos de vacaciones *permanentes*.

EMBAUCADOR: Esa era la idea. Iba a obligarte a tomarte *algún* tipo de vacaciones. Simplemente no te desdigas de nuestro acuerdo.

EGO: No lo haré.

EMBAUCADOR: Trato hecho, pues.

Habitualmente, establecer un diálogo con los «oponentes» internos –a menudo formas de las energías masculinas inmaduras– desactivará gran parte de su poder. Al igual que cualquier niño, lo que realmente quieren es llamar la atención, ser admirados y tomados en serio. Y tienen derecho a ello. Una vez que son admirados y sus sentimientos son tomados en consideración, ya no necesitan mostrar su pataleo a través de nuestras vidas.

Este conflicto se zanjó amistosamente. Y lo que había sido una no relación se convirtió en una nueva fuente de equilibrio en la vida de este hombre.

Su embaucador por fin le había bajado los humos, y lo había hecho para obligarlo a cumplir con aspectos de su personalidad que había ignorado. Una figura que comenzó como un perseguidor interno se convirtió en un amigo para toda la vida.

En este siguiente ejemplo de diálogo de imaginación activa, el ego del hombre actuó como árbitro de dos aspectos conflictivos de su personalidad, uno que mostraba la influencia de la energía inmadura del héroe y otro que mostraba la del amante. Los dos arquetipos entraron en conflicto por cómo tratar a una mujer en la vida del hombre en cuestión. El héroe quería conquistarla, mientras que el amante solamente deseaba relacionarse con ella sobre una base de reciprocidad. Este fue el diálogo:

EGO: Muy bien, vosotros dos. Tenemos un problema. Gail quiere ir a Brasil a divertirse sin contar con nosotros. Tú, héroe, quieres criticarla por ello y darle un ultimátum: o cancela el viaje y va a Chicago a visitarte o que se olvide de la relación. Y tú, amante, solo piensas en permitírselo y amarla pase lo que pase. De modo que tenemos que tomar una decisión al respecto.

HÉROE: ¡Se comporta de manera egoísta! Como siempre, trata de abrumarme con sus deseos impulsivos. No se preocupa por mí. Es peligrosa. Y si voy a tener una relación con ella, voy a tener que imponer la ley.

AMANTE: Sí, pero eso le quita toda la diversión. Ella tiene que *querer* estar con nosotros, o no sirve de nada. La querré haga lo que haga. Estoy muy enamorado de ella; si intentas controlarla, arruinarás el amor verdadero.

HÉROE: ¡No me vengas con rollos románticos! A lo mejor quieres plegarte y aguantar esto, ¡pero yo no puedo! ¿Cómo puedes siquiera pensar en vivir con una mujer tan egoísta e impulsiva?

AMANTE: Porque, egoísta e impulsiva o no, es la mujer que amo.

HÉROE: ¡Pero no hay ningún tipo de seguridad con esta mujer!

AMANTE: Tampoco hay seguridad en obligar a alguien a hacer lo que tú quieras en contra de sus propios deseos. El amor ama por el puro placer de amar.

HÉROE: Bueno, quizá tú puedas vivir instalado en el puro placer, pero yo no. Pondré fin a sus caprichos o moriré en el intento.

AMANTE: ¡Será la relación la que muera!

EGO: OK. Cada uno ha expuesto su punto de vista. Ahora bien, tenemos que llegar a algún tipo de acuerdo. Me parece que ambos tenéis razón, pero ambos exageráis. El héroe tiene razón en poner límites razonables a la relación y en reconocer nuestros propios límites, el ámbito en el que nos sentimos cómodos. Que Gail se vaya a Brasil en vez de venir a Chicago va más allá de lo tolerable. Y el amante tiene razón en no querer echar por tierra la relación y en querer respetar los límites de *Gail* y *sus* deseos. No obstante, amante, tienes que darte cuenta de que el amor de los seres humanos *tiene* unos límites; no es ilimitado. El amor puede que no lo sea. Pero *con* lo que podemos *vivir* no lo es. Así que establezcamos unos límites y amemos a Gail al mismo tiempo.

Gracias a que el héroe, influido por el amante, fue capaz de transformar su miedo y su ira en valentía y establecimiento de límites —aquello que Gail buscaba, en realidad–, ella no se fue a Brasil y su madurez creció en el seno de la relación. Asimismo, la psique escindida del hombre progresó hacia su integración.

◆ Invocación

A la segunda técnica la llamamos invocación. Esta vez accedemos a los arquetipos masculinos en su plenitud como formas de energía positiva. Esto también puede parecer extraño al principio. Sin embargo, un solo momento de reflexión al respecto nos revelará que hacemos este tipo de cosas constantemente. Todos vivimos la mayor parte de nuestra vida psicológica involuntariamente; invocamos imágenes e ideas que pueden, o no, sernos útiles. Nuestra mente es un cajón de sastre lleno de imágenes, palabras y sonidos; y muchos de estos elementos son indeseados. Para comprobarlo, cierra los ojos un momento. Las imágenes se presentarán por sí solas en la oscuridad y las ideas, apenas audibles para el «oído» interno, se agolparán en tu mente. Si el diálogo de imaginación activa es una forma consciente y lúcida de hablar con uno mismo, la invocación es una forma consciente y lúcida de invocar las imágenes que uno *quiere* ver. La formación de imágenes mentales afecta profundamente a nuestro estado de ánimo, a nuestras actitudes, a la forma que tenemos de ver las cosas y a lo que hacemos. Por eso es importante saber qué ideas e imágenes invocamos en nuestra vida.

He aquí cómo formarse una imagen mental lúcidamente o cómo llevar a cabo una invocación: si es posible, busca un lugar y un momento de calma. Despeja tu mente lo mejor que puedas y relájate, insistimos, tanto como puedas. (No recomendamos largos ejercicios de relajación como parte necesaria de este proceso, aunque pueden ser útiles). Concéntrate en una composición que tenga tanto imágenes mentales como palabras habladas (habladas en tu cabeza, al menos). Suele ser útil dedicar algún tiempo a buscar imágenes del rey, el guerrero, el mago y el amante. Utiliza esas imágenes en tus invocaciones. Supongamos que has encontrado la imagen de un emperador romano en su trono, tal vez un fotograma de una película o un cuadro. Durante este ejercicio, coloca esa imagen delante de ti. Mientras te relajas, háblale a la imagen; invoca al rey que llevas dentro. Intenta fusionar tu inconsciente profundo con él; date cuenta de que tú (como ego) eres diferente de él. En tu imaginación, haz que tu ego sea tu sirviente; siente su calma y su fuerza, su equilibrada benevolencia hacia ti, la protección que ejerce sobre ti. Imagínate ante su trono, en plena audiencia con él. De hecho, dirígele una «plegaria»; dile que lo necesitas, que necesitas su ayuda: su poder, su favor, su organización, su hombría. Confía en su generosidad y su buena disposición.

Una vez un joven acudió a terapia con un sentimiento de gran desconexión de su lado erótico: era sencillamente incapaz de establecer una conexión «química» con las mujeres. Lo que más deseaba era encontrar una mujer que lo amara, una mujer con la que pudiera tener una vida sexual excitante, una mujer con la que pudiera casarse. Parte de su prescripción terapéutica consistía en leer todo lo que pudiera sobre el dios griego del amor, Eros, especialmente la historia de Cupido (Eros) y Psique, y luego rezar a Eros para que lo ayudara a sentirse sensual y atractivo. Poco después de comenzar sus invocaciones a esta imagen del amante, se embarcó en un crucero. Allí conoció —de forma bastante inesperada— a una hermosa mujer que sintió que era el hombre más guapo y varonil que jamás había visto. Ella percibía al Eros recién hallado por él en su interior, el mismo Eros que llenaba toda su personalidad con su fuerza y resplandor. Incluso le dijo: «¡Eres tan guapo como un dios!». Varias noches hicieron el amor apasionadamente en el mar, la experiencia sexual más maravillosa de su vida. No solo permanecieron en contacto después del crucero, sino que, en menos de un año y con un bebé en camino, contrajeron matrimonio. Él atribuye su nueva y más gratificante vida a la invocación y formación de imágenes del amante.

Otro hombre fue víctima de los ataques y las provocaciones de varias compañeras de trabajo a causa de sus maneras varoniles y plenas de confianza en sí mismo. Encontró fuerzas en una pirámide de cristal que guardaba en su escritorio (la forma piramidal, como hemos visto, es un símbolo del sí-mismo masculino). Cada vez que se sentía abrumado, se tomaba un respiro de sesenta segundos: recurría a su pirámide y la imaginaba dentro de él, en su pecho. Las olas de los ataques emocionales a su virilidad chocaban contra los lados de la pirámide en su afán de fragmentarla. Estas olas siempre retrocedían y su furia terminaba por agotarse. Su situación laboral no mejoró; no obstante, pudo mantener el equilibrio, la calma y la estabilidad la mayor parte del tiempo, mientras buscaba un mejor entorno de trabajo. Sumido en la vorágine laboral diaria, este hombre no podía ritualizar completamente su invocación. Por el contrario, muchos hombres, en la soledad del atardecer o del amanecer, pueden hacerlo. A veces incluso encienden velas y queman incienso ante una imagen del arquetipo. De este modo honran –de una forma antigua y sin embargo muy apropiada– al arquetipo al que invocan.

Esto que apuntamos es comparable a lo que las religiones siempre han llamado oración, la cual iba acompañada de un ritual de acceso al respectivo dios. Lejos de ser ídolos, los iconos en la ortodoxia griega y las estatuas en el catolicismo romano sirven para que la forma de energía que el creyente invoca se concrete en una imagen. La imagen del santo o del dios puede llegar a fijarse tanto en la mente de un hombre que este ya no necesite tener una representación gráfica delante para sentir las energías que fluyen de ella.

◆ Admirar a los hombres

En esta misma línea está la técnica de la admiración. Los hombres maduros necesitan admirar a otros hombres, vivos y muertos. En especial, necesitamos tener contacto con hombres mayores a los que podamos tener en alta estima. Si no es posible relacionarnos con ellos personalmente, necesitamos leer sus biografías y familiarizarnos con sus palabras y hechos.

Estos hombres no tienen por qué ser perfectos, porque la perfección —llegar a ser un hombre absolutamente pleno— nunca podrá lograrse. Sin embargo, el progreso hacia la plenitud es posible, y cada hombre es individualmente responsable de ello. Es precisamente en nuestros puntos débiles, en aquellos lugares de nuestra psique en los que estamos poseídos por los polos de un sistema arquetípico sombrío, donde necesitamos invocar, a través de la admiración activa, las fuerzas de las que carecemos pero que podemos apreciar en los demás. Si necesitamos más del guerrero en nuestras vidas, podemos llegar a conocer y apreciar el alma guerrera del faraón egipcio Ramsés II, la del jefe zulú que tan valientemente se rebeló junto a sus hombres contra los británicos en el levantamiento del siglo XIX o la de George Patton. Podríamos estudiar la vida de Abraham Lincoln o de Ho Chi Minh si necesitásemos acceder más adecuadamente a la energía del rey. O podríamos admirar la energía del amante en Leo Buscaglia en caso de necesitar más de ese arquetipo.

La cuestión es que las imágenes y las ideas que invocamos determinan en gran medida no solo cómo nos *parecen* las cosas, sino cómo *son* en realidad. Un cambio en nuestro acceso interior a los arquetipos del hombre maduro provocará un cambio en las circunstancias y oportunidades externas de nuestras vidas. Cuando menos, la alteración del mundo interior mejorará en gran medida nuestra capacidad para afrontar las circunstancias difíciles y, con el tiempo, ser capaces de darles la vuelta en nuestro propio beneficio, en el de nuestros seres queridos, en el de nuestras empresas, en el de nuestras causas y en el del mundo en general.

Hay un dicho al respecto: «Ten cuidado con lo que deseas; ¡puede hacerse realidad!». El tan cacareado poder del pensamiento positivo es al menos parcialmente cierto, más cierto de lo que la mayoría de nosotros pensamos. Así que, mientras evaluamos críticamente nuestra posición en relación con las energías masculinas y dialogamos con sus aspectos positivos y sombríos, también debemos invocar los arquetipos en toda su plenitud de forma deliberada y lúcida.

◆ Actuar «como si»

Hay una cuarta técnica para acceder a los arquetipos del hombre maduro que merece una breve mención porque es tan obvia que puede pasar desapercibida. Se basa en el método —de eficacia probada en el tiempo— del actor que intenta «meterse en el personaje» cuando no *siente* ese personaje. A esto lo llamamos actuar «como si». Según este proceso, si no eres capaz de sentir el personaje retratado en tu guion, el primer paso consiste en *actuar como* el personaje. Has de moverte y hablar como este personaje lo haría. Actúa «como si». Encima del escenario actúa como un rey, aunque te acaben de despedir del trabajo y tu mujer te haya abandonado. «El espectáculo debe continuar», y los demás dependen de que hagas bien tu papel. Así que toma tu guion, lee las líneas del rey, siéntate en el trono y *actúa* como el rey. Muy pronto, lo creas o no, empezarás a sentirte como tal.

Puede resultar bastante extraño, pero si, por ejemplo, necesitas acceder más adecuadamente al amante y las puestas de sol no te interesan, sal y *contempla* verdaderamente una puesta de sol. Actúa *como si* la apreciaras. Fíjate en los colores. Oblígate a contemplar la belleza.

Incluso dite a ti mismo: «Oh, sí, mira esos naranjas y rojos, y la sutil transición del azul al morado». Muy pronto, por extraño que parezca, ¡te darás cuenta de que realmente te interesan las puestas de sol!

Si lo que necesitas es un mayor acceso al guerrero, podrías empezar por despegarte del televisor alguna tarde y obligarte a salir a la calle para dar un enérgico paseo. Podrías iniciarte en un arte marcial o empezar a hacer ejercicio. U obligarte a pagar las facturas pendientes que tienes sobre de la mesa. Levántate. ¡Muévete! Emprende alguna acción. Y pronto, para tu sorpresa, puede que te des cuenta de que actúas de manera más próxima a un guerrero en *muchas* facetas de tu vida.

Si necesitas acceder al mago de manera más consciente, la próxima vez que alguien acuda a ti en busca de sabiduría, actúa como si realmente poseyeses cierta cantidad. Actúa *como si* realmente tuvieras algo útil y perspicaz que decir. Oblígate a escuchar de verdad a esa persona. Intenta desviar tu mente de tus propios intereses y céntrate de veras en el problema que la otra persona te plantea. Luego, transmítele tan amablemente como puedas toda la sabiduría que hayas acumulado a lo largo de tu vida. Todos tenemos mucha más de la que creemos.

Nota final

Nuestra preocupación en este libro ha sido la de ayudar a los hombres a responsabilizarse de la destructividad de las formas inmaduras de masculinidad. Al mismo tiempo, resulta evidente que el mundo está superpoblado no solo de hombres inmaduros, sino también de niñas tiránicas y abusivas que se hacen pasar por mujeres. Es hora de que los hombres —en particular los hombres de la civilización occidental— dejen de aceptar las acusaciones de culpabilidad por todo aquello que está mal en el mundo. Se ha producido una verdadera guerra relámpago contra el género masculino, lo que se traduce en una demonización total de los hombres y en una estigmatización de la masculinidad. Pero las mujeres no son inherentemente más responsables o maduras que los hombres; por citar un ejemplo, el tirano de la trona aparece en todo su esplendor en ambos sexos. Los hombres jamás deberían pedir disculpas por el mero hecho de representar al género masculino. Deberían preocuparse por la maduración y el cuidado *de* ese género y del mundo en general. El enemigo de ambos sexos no es el otro sexo, sino el orgullo infantil y la escisión del sí-mismo que se deriva de él.

Un apunte final de aliento: como la vida misma, cualquier proceso de maduración requiere tiempo y esfuerzo. Hacemos nuestros «deberes» desde el lado consciente, y el inconsciente, con sus poderosos recursos, siempre que sea abordado de manera adecuada, responderá a nuestras preguntas, necesidades y heridas de forma curativa y generativa. La lucha por la madurez es un imperativo psicológico, moral y espiritual del emperador chino que todo hombre lleva dentro.

En su último libro, *Las extensiones interiores del espacio exterior*,* Joseph Campbell realizó un llamamiento mundial a un tipo de iniciación que se revelaría como un punto de encuentro para la profundización en los sentidos de la responsabilidad y de la madurez propios de los humanos. La iniciación, tal y como nos referimos a ella, es en realidad una exploración de los confines *periféricos* del espacio *interior*. Queremos sumar nuestras voces a las de los muchos hombres que a lo largo de la historia, contra todo pronóstico y a través de sus vidas y enseñanzas, han reclamado el fin del reinado de *El señor de las moscas*, esto es, el de la fantasía apocalíptica representada como un despliegue terminal de rabia infantil. Si los hombres contemporáneos pueden tomarse la tarea de su propia

---

* Campbell, J. (2013). *Las extensiones interiores del espacio exterior*. Atalanta.

iniciación de la niñez a la edad adulta tan en serio como lo hicieron sus antepasados tribales, entonces puede que seamos testigos del *fin* del *principio* de nuestra especie, y no del *principio* del *fin*. Podemos cruzar el estrecho delimitado por Escila y Caribdis —por nuestro orgullo y nuestro tribalismo chovinista—, y así avanzar hacia un futuro tan maravilloso y generativo como cualquiera de los descritos en los mitos y leyendas que el rey, el guerrero, el mago y el amante nos han legado.

LECTURAS SELECCIONADAS

Etología/Antropología
1. Ardrey, R. (1969). *Génesis en África: La evolución y el origen del hombre*. Hispano Europea.
2. Ardrey, R. (1966). *The Territorial Imperative*. Dell.
3. Gilmore, D. D. (1999). *Hacerse hombre: concepciones culturales de la masculinidad*. Altaya.
4. Goodall, J. (1968). *The Chimpanzees of Gombe*. Harvard Univ. Press.
5. Turner, V. W. (1988). *El proceso ritual*. Taurus.

Mitología comparada y religión
1. Eliade, M. (2011). *El mito del eterno retorno: arquetipos y repetición*. Alianza.
2. Eliade, M. (2014). *Lo sagrado y lo profano*. Paidós.
3. Eliade, M. (1963). *Patterns in Comparative Religion*. The World Publishing Co.
4. Frazer, J. G. (2019). *La rama dorada*. Fondo de Cultura Económica.

Jung
1. Campbell, J. (1971). *The Portable Jung*. Viking.
2. Edinger, E. F. (2018). *Ego y arquetipos: una ventana a los símbolos de transformación*. Sirena de los vientos.
3. Jacobi, J. (2019). *Complejo, arquetipo y símbolo en la psicología de C. G. Jung*. Sirena de los vientos.

4. Stevens, A. (1982). *Archetypes: A Natural History of the Self*. William Morrow.

Psicología del niño
1. Campbell, J. (2020). *El héroe de las mil caras*. Atalanta.
2. Golding, W. (2005). *El señor de las moscas*. Edhasa.
3. Miller, A. (2021). *Por tu propio bien*. Tusquets.

Psicología del hombre
1. Bly, R. (1984). *Iron John: una nueva visión de la masculinidad*. Gaia.
2. Bolen, J. S. (2002). *Los dioses de cada hombre*. Kairós.
3. Browning, D. S. (1973). *Generative Man: Psychoanalitic Perspectives*. Westminster Press.
4. Winnicott, D. W. (1994). *El hogar es nuestro punto de partida: ensayos de un psicoanalista*.Paidós.

Rey
1. Frankfort, H. (2004). *Reyes y dioses: estudio de la religión del Oriente Próximo en la Antigüedad en tanto que integración de la sociedad y la naturaleza*. Alianza.
2. Perry, J. W. (1991). *Lord of the Four Quarters: The Mythology of Kingship*. Paulist Press.
3. Perry, J. W. (1976). *Roots of Renewal in Myth and Madness: The Meaning of Psychotic Episodes*. Jossey-Bass.
4. Schele, L. y Freidel, D. (2000). *Una selva de reyes: la asombrosa historia de los antiguos mayas*. Fondo de Cultura Económica de España.

Guerrero
1. Farago, L. (1973). *Patton: Ordeal and Triumph*. Dell.
2. Rogers, D. J. (1984). *Fighting to Win*. Doubleday.
3. Stevens, A. (1984). *The Roots of War: A Jungian Perspective*. Paragon House.
4. Tzu, S. (2009). *El arte de la guerra*. Obelisco.

Mago
1. Butler, E. M. (1998). *El mito del mago*. Akal.

2. Moore, R. (1991). *The Magician and the Analyst: Ritual, Sacred Space, and Psychotherapy*.Council of Societies for the Study of Religion.
3. Neihardt, J. (2018). *Alce negro habla*. Capitán Swing.
4. Nicholson, S. (1987). *Shamanism*. The Theosophical Publishing House.

Amante

1. Brown, N. O. (1996). *El cuerpo del amor*. Planeta Agostini.
2. Csikszentmihalyi, M. (1997). *Fluir (flow): una psicología de la felicidad*. Kairós.
3. Lawrence, D. H. (2011). *Poemas escogidos*. Visor.
4. Neumann, E. (2022). *Arte e inconsciente creativo*. Traducciones junguianas.
5. Spink, W. (1973). *The Axis of Eros*. Schocken Books.

Los casetes de las conferencias de Robert Moore constituyen la base de gran parte del material de este libro y pueden obtenerse mediante el envío de una solicitud escrita a la dirección indicada más abajo. Las siguientes conferencias pueden resultar de especial interés:

Rediscovering Masculine Potentials
The King Within: A Study in Masculine Psychology
The Warrior Within: A Study in Masculine Psychology
The Magician Within: A Study in Masculine Psychology
The Lover Within: A Study in Masculine Psychology
The Four Couples Within: The Structure of the Self and the Dynamics of Relationship

Si deseas formar parte de la lista de destinatarios a los que se les informe de estos y otros recursos de Robert Moore y Douglas Gillette —o bien recomendados por ellos—, incluidos libros, casetes, cintas de vídeo, talleres y otros actos dirigidos por ellos, envía tu nombre y dirección a:

EarthMen Resources
P. O. Box 1034 Evanston, IL 60204

SOBRE LOS AUTORES

ROBERT L. MOORE fue psicoanalista y profesor de psicología y religión en el Seminario Teológico de Chicago. También impartió clases en el Instituto C. G. Jung de Chicago (Illinois). Falleció en 2016.

DOUGLAS GILLETTE es mitólogo, artista, consejero pastoral y cofundador del Instituto para la Espiritualidad Mundial.